Économie des industries de réseau

BP 47 – 38040 Grenoble cedex 9
Tél. : 04 76 82 56 52 – Fax : 04 76 82 78 35
pug@pug.fr / www.pug.fr

ISBN 978-2-7061-1416-8

Jean-Pierre Angelier

Économie des industries de réseau

Presses universitaires de Grenoble

La collection « Économie en + » est dirigée par Fanny Coulomb et Yann Échinard.

Dans la même collection

J.-P. Doujon, *Histoire des faits économiques et sociaux*, 1990

A. Samuelson, *Économie internationale contemporaine*, 1991

M. Andreff, *Statistique : traitement des données d'échantillon*

tome I – *Les méthodes*, 1993

tome II – *Les applications*, 1994

A. Vidal, *La pensée démographique. Doctrines, théories et politiques de population*, 1994

M. Vigezzi (dir.), *Dix grands auteurs en économie*, 1995

J. Calvet, *Analyse économique – les concepts de base*, 1996

J.-P. Angelier, *Calcul économique et financier*, 1997

J. Fontanel et L. Bensahel, *Réflexions sur l'économie du sport*, 2001

A. Vidal, *Démographie, les outils – Exercices corrigés*, 2001

F. Carluer, *Les théories du développement économique*, 2002

F. Carluer, *Leçons de microéconomie*, 2002

F. Carluer, A. Richard, *Analyse stratégique de la décision*, 2002

A. Vidal, *Démographie. Éléments d'analyse et évolution du peuplement humain*, 2002

J.-P. Angelier, *Économie industrielle. Une méthode d'analyse sectorielle*, nouvelle édition, 2002, 3e éd.

J.-L. Besson, *Marchés, banques et politique monétaire en Europe*, 2003

R. Taouil, *Leçons de macroéconomie*, 2004, 2e éd.

M. Vigezzi, *Éléments de méthodologie pour économistes*, 2004, 2e éd.

M. Vigezzi, *Analyse économique – Les faits et les pensées*, 2005, 2e éd.

F. Djellal, C. Gallouj, *Introduction à l'économie des services*, 2007

Préface

Jean-Pierre Angelier nous présente, encore une fois, un ouvrage de référence concis, clair et pédagogique, un outil dont on a bien besoin dans ces temps de complexité. Pour étudier l'économie des réseaux, l'auteur se place dans la problématique de l'économie industrielle, cette branche de la science économique qui cherche à identifier le mode d'organisation le plus efficace pour une activité économique donnée, dans un environnement donné. De nombreuses industries de réseau (transport ferroviaire et aérien, télécommunications, électricité, gaz naturel) étaient souvent organisées sous forme d'un monopole public verticalement intégré; elles sont désormais libéralisées, c'est-à-dire ouvertes à la concurrence, partiellement privatisées, dissociées verticalement et leur fonctionnement est maintenant encadré par des agences de régulation. L'économiste industriel dispose là d'un laboratoire d'étude vivant, passionnant et sans cesse renouvelé: qu'est-ce qui justifiait l'ancienne architecture de ces industries, était-elle efficace, pourquoi et comment cette architecture est-elle remise en question aujourd'hui, que peut-on en attendre?

La boîte à outil de l'économie industrielle permet de comprendre pourquoi, dans certaines industries dont les réseaux font partie, le monopole est l'organisation la plus efficace: il évite de dupliquer des infrastructures coûteuses en capital, on parle de monopole naturel. Dans ce cas, il est souhaitable qu'une firme soit l'unique offreur sur un marché local ou national. Ceci explique que l'État, méfiant des monopoles privés, ait pu être si présent dans des secteurs stratégiques et pourquoi les grandes entreprises publiques françaises ont été créées (SNCF, Air France, EDF, GDF, RATP), en plus des grandes administrations publiques telles que la poste et les télécommunications. Ces entreprises ont largement contribué à la reconstruction de l'après-guerre, ont accompagné la très vive croissance caractérisant les Trente Glorieuses, ont constitué le fer de lance de la planification indicative mise en œuvre par une poignée de grands commis de l'État; ce système s'est révélé efficace sans conteste, même s'il a eu tendance à générer ce que les économistes industriels appellent un excédent organisationnel.

Pourtant, les circonstances évoluent, l'environnement des industries de réseau est modifié, ce qui ouvre la possibilité d'organiser différemment leurs structures. Des changements techniques confèrent une bonne compétitivité à des unités de production de petite taille, comme c'est le cas pour les centrales électriques à cycle combiné, qui remettent en cause la logique du monopole. D'autres changements effacent certains clivages entre métiers : on peut par exemple faire circuler dans un câble de cuivre aussi bien des signaux voix que des images et de l'électricité, ce qui implique que des entreprises de télécommunications, d'audiovisuel et d'électricité sont désormais en concurrence potentielle. Les frontières de la concurrence sont repoussées : d'une dimension nationale, elle devient européenne et parfois planétaire. Ces mutations techniques s'opèrent dans un monde où la vision libérale de l'économie l'emporte. En Europe, la construction même d'un marché unique où circulent librement les hommes, les marchandises, les services et les capitaux, est fondée sur le principe de concurrence. De ce fait, des mécanismes de marché doivent être introduits dans les industries de réseau, partout où cela est possible. Plus de concurrence et moins d'État : seule l'infrastructure de transport conservera le statut de monopole (privé ou public), l'offre de services étant libéralisée et une agence de régulation indépendante surveillant l'ensemble. Cette nouvelle structure des industries de réseau est largement adoptée dans les grands pays industriels au moins pour les télécommunications, le transport aérien, l'électricité et le gaz naturel.

Là encore, la boîte à outil de l'économiste industriel permet de comprendre pourquoi cette nouvelle organisation est adoptée : la théorie néo-institutionnelle montre que la concurrence peut être introduite efficacement dans certaines strates des industries de réseau ; et là où elle n'est pas désirée, on peut organiser des relations contractuelles entre une agence de régulation et les opérateurs. De cette nouvelle architecture, il est attendu une dynamique plus efficace des réseaux, une diminution de certaines rentes et donc un abaissement des coûts, une introduction plus rapide de technologies nouvelles. L'abaissement des prix, attendu au départ, ne suit malheureusement pas toujours car les prix dépendent en partie de facteurs exogènes : le prix des matières premières, le prix des équipements et, de ce point de vue, certains fondamentaux sont à la hausse.

À l'heure actuelle, deux grands chantiers invitent l'économiste à s'intéresser aux industries de réseau. L'un est plutôt normatif ; il appelle à imaginer ce qui peut être la meilleure structure possible de chacune des industries de réseau : quelles doivent être les fonctions exactes de l'agence de régulation, quelles stratégies les firmes peuvent-elles adopter, lesquelles doivent être prohibées car probablement néfastes pour le consommateur ? L'autre chantier est plutôt positif : il amène l'économiste à observer le fonctionnement de ces industries, à forger les outils permettant d'apprécier leurs performances, par comparaison dans le temps et dans l'espace, afin de nourrir les réflexions engagées dans le premier chantier.

La concurrence est un processus en mouvement et non pas un état stable. Il existe donc une dialectique permanente entre les stratégies d'entreprises à la recherche du profit et les autorités publiques, nationales et européennes, garantes de l'intérêt général et du bien public à court, moyen et long terme. Il faut trouver, en permanence, le bon équilibre. L'économiste industriel a un rôle à jouer dans ce défi permanent. Jean-Pierre Angelier nous aide à faire le tri entre les fausses pistes de réflexion, parmi lesquelles les tentations d'un protectionnisme frileux, et les sentiers de l'imagination et de l'innovation. Les réseaux ont un rôle majeur à jouer dans la construction d'une compétitivité à long terme qui soit conforme aux objectifs de développement durable. Cet ouvrage est une invitation à l'action économique qui modèlera le système économique de ce siècle.

Jean-Marie Chevalier,
Professeur à l'université Paris-Dauphine

Introduction

Dans presque tous les pays, certaines industries ont tendance à échapper aux règles de la concurrence et sont organisées, gérées, ou surveillées de près par les pouvoirs publics. Ce sont les industries de réseau : transports de passagers et de marchandises (urbains, terrestres, aériens, maritimes), communications (poste, téléphone, radiodiffusion, télévision, communications basées sur les nouvelles technologies de l'information), transport et distribution d'eau, de gaz naturel, d'électricité.

Deux raisons originelles expliquent la forte ingérence de l'État dans ces industries. Elles doivent plus que d'autres utiliser le domaine public (rues, cours d'eau, espaces aérien et hertzien) ou avoir recours à la coercition publique pour empiéter sur la propriété privée (passage de lignes électriques ou de téléphone, expropriations pour le tracé de voies de chemin de fer ou d'autoroutes, pour la construction de barrages). Et les pouvoirs publics utilisent volontiers leur pouvoir supérieur pour développer ces industries car leurs services sont considérés comme essentiels au bien-être des citoyens, à la cohésion sociale, à la continuité et à l'intégrité du territoire national. Dans ces industries, on ne parle pas de clients mais d'usagers qui excipent de leur droit à disposer de ces services publics.

Routes et aqueducs romains sont encore là pour témoigner du fait que les premiers réseaux ont été bâtis par un État central fort, qui a aussi assuré le développement des transports maritimes – gages de puissance militaire et commerciale, parfois coloniale – et des services postaux. La naissance des autres industries de réseau est intimement associée aux grandes découvertes scientifiques du XIXe et du XXe siècle. Le passage au stade industriel de ces découvertes s'est effectué dans un cadre législatif précis : les pouvoirs publics s'estiment responsables de l'offre de ces services nouveaux essentiels au bien-être de tout citoyen ; parfois ils en assurent la production grâce à une entreprise publique, parfois ils délèguent à l'entreprise privée le droit de produire à leur place, sous leur contrôle.

Un siècle s'est écoulé, avec ses guerres, ses alternances de croissance vive et de crises, ses bouleversements sociaux, un siècle au cours duquel les circonstances politiques successives ont dans beaucoup de pays fait basculer les industries de réseau dans le domaine public : en temps de crise, accidentellement ou délibérément, l'État est amené à prendre en charge un certain nombre d'activités économiques, un effet de cliquet marquant l'élargissement du secteur public. De sorte que le monopole public tend à apparaître comme la norme institutionnelle des industries de réseau. Ce *paradigme*, cette perception du monde socialement admise, repose largement sur le fait que l'État a été le moteur de la croissance économique et du progrès social, tout particulièrement au cours des trois décennies qui ont suivi les destructions massives de la Seconde Guerre mondiale.

Ailleurs pourtant, des circonstances comparables n'ont pas consolidé le secteur public mais ont mené à un renforcement de la régulation publique sur les entreprises privées chargées d'offrir ces services. C'est de ces pays que vient une autre perception des industries de réseau. À la fin des années soixante-dix, les États-Unis du président Reagan puis la Grande-Bretagne de madame Thatcher sont le berceau de transformations profondes : dans les transports aériens et l'audiovisuel tout d'abord, puis dans les télécommunications, dans les transports ferroviaires, et dans tous les autres réseaux. L'architecture traditionnellement admise est démantelée : les monopoles publics sont réduits aux seules infrastructures et la concurrence est ouverte (*libéralisation*) au niveau de l'offre de services de réseau. L'ensemble est supervisé par une agence de régulation qui organise et surveille la concurrence, la place de l'État étant des plus réduites (*privatisation*). Cette structure, de fait, n'est pas si nouvelle : elle est en vigueur en Amérique du Nord depuis le début du XXe siècle. Elle est bien souvent présentée désormais comme la norme universelle pour les industries de réseau.

On aurait pu penser tout d'abord qu'il s'agissait là de transformations correspondant à des choix politiques effectués par des gouvernements foncièrement libéraux. Mais non : le changement fait tache d'huile, se généralise plus ou moins rapidement, avec plus ou moins de réticences, à la plupart des pays du globe. En Europe, la commission de Bruxelles se fait le relais de ces transformations qui s'inscrivent logiquement dans le prolongement du traité de Rome de 1957 : le marché commun européen ne peut pas se construire si l'on ne met pas fin à ces monopoles nationaux, à ces îlots de non-concurrence qui certes avaient leur raison d'être dans d'autres temps, plus maintenant.

La facilité avec laquelle les transformations prennent corps tient à différentes causes. Disons-le d'emblée : ce n'est pas une inefficacité avérée qui a conduit à l'abandon de l'ancien paradigme ; certaines entreprises publiques sont efficaces, d'autres le sont moins, mais des exemples judicieusement choisis ne sauraient tenir lieu de raison. Ce n'est pas non plus l'efficacité supérieure (elle n'est que supposée) de la nouvelle norme qui en impose l'adoption. Les causes du changement sont à trouver ailleurs. C'est que les circonstances qui ont présidé à l'organisation des industries de réseau en monopoles publics intégrés se sont estompées et laissent place à un nouvel environnement appelant d'autres structures : maturité des marchés, échelle internationale des activités économiques, flexibilités des firmes qui aspirent à externaliser certaines de leurs fonctions, changement dans les techniques qui ne favorisent plus systématiquement la grande taille et rendent parfois caduc l'ancien découpage entre métiers sur lequel s'étaient organisées les entreprises publiques. Et tous ces changements s'opèrent dans le cadre d'une vision libérale de l'économie : là où l'État avait toute légitimité pour intervenir directement dans l'économie, sa présence est désormais remise en cause, la vision keynésienne de l'État bienveillant a bien pâli ; malgré ou du fait de son intervention, la crise économique des années soixante-dix n'a pu être prévenue ; des déséquilibres majeurs (inflation, chômage, déficits publics) continuent à se creuser. Pour assainir les économies, il conviendrait donc de limiter le rôle de l'État, de remplacer l'État interventionniste ou l'État providence qui a eu son heure par l'État modeste ou par l'État minimal. Un nouveau paradigme s'impose désormais dans le cadre duquel s'organisent les transformations institutionnelles des industries de réseau. De leur adoption, il est attendu une plus grande efficacité, un regain de dynamisme pour les économies dans lesquelles elles s'inscrivent.

À ces deux visions du monde socialement admises correspondent deux corpus distincts de la théorie économique. Le premier est l'*économie du bien-être*, branche de la microéconomie traditionnelle qui s'interroge sur les causes de l'intervention directe de l'État dans l'activité économique et sur l'étendue du secteur public. Ce courant tient la concurrence pour la structure la plus efficace, considère que les réseaux sont marqués par deux caractéristiques qui ne permettent pas au marché de les gérer correctement ; ces *défaillances du marché* (monopole naturel et externalités positives) font que de telles industries doivent être prises en charge par l'État : le *monopole public* pratiquant une *tarification au coût marginal* est plus efficace que la concurrence ou que le monopole privé.

Un second corpus théorique se constitue et remet en cause cette première vision. L'*économie industrielle* et l'*économie néo-institutionnelle* permettent de mieux comprendre ce qu'est la concurrence et ses conditions d'exercice, aboutissent à déterminer ce qui est désormais considéré comme la meilleure structure d'un réseau : seule l'infrastructure est monopole naturel et doit rester sous contrôle public ; l'offre de services doit être assurée dans un cadre concurrentiel avec une préférence pour l'entreprise privée. Une agence de régulation indépendante des pouvoirs publics étant chargée d'organiser et de surveiller le jeu de la concurrence, d'organiser l'accès des offreurs de services à l'infrastructure du réseau restée en monopole.

Pour présenter l'économie des industries de réseau, nous commencerons par exposer ce qui distingue ces industries des autres : un mode de coordination spécifique d'activités économiques (un réseau établit une relation de dépendance réciproque étroite entre offreur et usager), un ensemble composé de trois strates (infrastructure, infostructure, offre de services finals), une industrie qui donne lieu à d'importantes externalités positives, un ensemble dont le développement n'est pas linéaire.

Nous exposerons ensuite *le paradigme traditionnel* des industries de réseau : *le monopole public verticalement intégré*. Nous verrons comment *l'économie du bien-être* explique qu'en présence d'externalités positives et lorsqu'on a affaire à un monopole naturel, il est plus efficace (le surplus sera maximum) de structurer une industrie en monopole public. Adoptant une approche historique, nous parcourrons un certain nombre de pays afin de montrer pourquoi et comment les réseaux ont été construits selon ce paradigme traditionnel.

Dans une seconde partie, nous présenterons *le nouveau paradigme* qui préside aux industries de réseau : *l'ouverture à une concurrence régulée*. Certaines avancées théoriques cherchent à démontrer que les spécificités caractérisant les réseaux (externalités, monopole naturel) ne sont que supposées et que l'on peut considérer ces industries comme n'importe quelle autre. Ces propositions n'emportent toutefois pas l'adhésion mais permettent de concevoir qu'il est possible et souhaitable de penser les réseaux autrement ; la nouvelle structure sera le monopole public de la seule infrastructure, la concurrence dans l'offre de services, la régulation. Nous illustrerons alors à partir d'exemples pris dans l'économie française la manière dont ces transformations ont été organisées et commencerons à dresser, même si l'exercice peut sembler pour l'instant quelque peu prématuré, un diagnostic du fonctionnement des industries de réseau sous cette nouvelle architecture.

Chapitre préliminaire

Identification d'une industrie de réseau

Les industries de réseau présentent plusieurs caractéristiques technico-économiques qui les différencient des autres activités économiques. Tout d'abord, elles constituent le support d'un mode particulier de transaction économique qui n'est pas l'échange marchand traditionnel puisqu'il s'effectue dans le cadre *d'une dépendance réciproque* entre l'offreur et le demandeur. Ensuite, une industrie de réseau n'est pas un ensemble homogène mais un empilement de *trois strates* distinctes qui entretiennent entre elles des relations tendant là encore à échapper aux règles du marché. L'une de ces strates, l'infrastructure, est considérée comme un *monopole naturel*. Autre caractéristique encore: ces industries donnent lieu à d'importantes *externalités positives*. Et enfin, *la dynamique* d'un réseau *n'est pas linéaire*: dans un premier temps, le réseau peine à croître mais passé un certain seuil critique, la demande se développe d'elle-même.

Qu'est-ce qu'une industrie de réseau ?

Une industrie de réseau présente des caractéristiques techniques et économiques qui établissent une forte dépendance entre offre et demande. Les transactions opérées à l'intérieur d'une telle filière tendent de ce fait à échapper aux lois de la concurrence. Selon le concept de *l'économie néo-institutionnelle*, une industrie de réseau constitue *un mode de coordination particulier* distinct de la firme et du marché.

Les caractéristiques techniques d'un réseau

D'un point de vue technique, le réseau est, suivant Nicolas Curien et Michel Gensollen (1992), *une interconnexion spatiale d'équipements compatibles*. Cet ensemble complexe est organisé afin de faciliter le déplacement de personnes, de marchandises, d'énergie, d'informations. De cette première approche se dégagent deux particularités déterminantes d'un réseau. L'idée *d'ubiquité* d'une part: un réseau confère une mobilité aux biens ou aux personnes, ou encore donne l'aptitude à son usager de bénéficier d'un bien ou service sans avoir à se déplacer. Grâce à la proximité créée par le réseau, l'usager pourra bénéficier des avantages que l'on retrouve par exemple dans les districts industriels. L'idée de *compatibilité* d'autre part : elle est à l'origine de l'analyse des réseaux présentée par Katz et Shapiro (1985) ; lorsque le processus de mise en conformité technique est laissé au marché, ce n'est pas la norme la plus efficace qui s'impose mais la mieux implantée *a priori*. Les pouvoirs publics devraient donc pouvoir intervenir pour imposer la meilleure norme.

L'approche technique des réseaux correspond à des préoccupations visant à en optimiser l'agencement général, le choix des dimensions relatives de ses différentes composantes, ses principes d'utilisation. Les réponses ne sont pas les mêmes selon les architectures rencontrées. Certains réseaux sont maillés (chacun des usagers est mis en relation avec n'importe quel autre : c'est le cas d'un réseau téléphonique ou routier, par exemple), d'autres arborescents (ainsi en est-il d'un réseau d'eau potable qui part d'un captage et conduit l'eau à travers différentes canalisations vers un grand nombre de consommateurs finals), d'autres encore mixtes (c'est par exemple le cas des services postaux où l'arborescence fonctionne dans les deux sens : le courrier collecté est acheminé vers les centres de tri, puis est distribué aux destinataires en empruntant le réseau en sens inverse).

La structure relativement récente adoptée par les compagnies aériennes est une bonne illustration du processus d'optimisation recherché pour l'architecture et le fonctionnement des réseaux. Ces firmes organisent désormais leur réseau sous la forme de *hubs and spokes*, système qui consiste à diriger (par des rayons ou *spokes*) le plus possible de passagers vers un gros aéroport (un moyeu ou *hub* : celui d'Air France est inauguré en 1996 à Roissy-Charles-de-Gaulle) puis à amener ces passagers vers un autre *hub* sur la plus longue distance possible (celui de Delta Airlines à Atlanta, par exemple) dans des aéronefs gros porteurs (Boeing 747 ou Airbus A380) ; là, les passagers seront acheminés par des vols moyens ou courts courriers (*spokes*) vers leur destination finale. La recherche de cette organisation technique optimale intéresse bien entendu l'économiste, soucieux d'obtenir les moindres coûts d'investissement et de fonctionnement des réseaux, soucieux de découvrir l'institution (monopole ou concurrence) qui correspond à la meilleure solution dans l'absolu.

Les caractéristiques économiques d'un réseau

Pour l'économiste, le réseau est une organisation industrielle particulière, *le support d'un mode de coordination spécifique d'activités économiques.* Le concept de coordination s'inscrit dans le cadre de *l'économie néo-institutionnelle* et trouve son origine dans les travaux de Ronald Coase (1937). Celui-ci expose que la firme existe dans la mesure où le *coût des transactions* effectuées en son sein (coûts de coordination des activités productives) est inférieur au coût des transactions sur le marché (coûts de recherche d'information, coûts de passation d'un contrat, coûts de surveillance de la bonne exécution du contrat). La firme s'est ainsi imposée par rapport à l'artisanat, puis s'est agrandie grâce à de nouveaux modes de coordinations internes du travail. Elle trouve des limites lorsque les coûts de coordination des activités commerciales qui la lient à son environnement et les coûts de coordination internes deviennent trop importants : la firme pourra alors externaliser certaines des fonctions qu'elle avait internalisées dans d'autres circonstances (au lieu de faire, elle fait faire). La firme et le marché sont ainsi deux modes de coordination complémentaires.

Dans la lignée de ces travaux, Oliver Williamson (1985) privilégie deux caractéristiques – fréquence et spécificité – pour construire une typologie des modalités de transaction (on parle aussi de *gouvernance*) : la firme est la coordination la plus efficace lorsque les échanges sont fréquents et concernent des actifs spécifiques (au sens où l'on peut difficilement les affecter à un autre usage que celui pour lequel ils ont été conçus) ; le marché en revanche, sera le lieu d'échanges fréquents ou occasionnels concernant des actifs peu spécifiques (tableau 1). La prise en compte d'une troisième caractéristique des transactions, le risque, permet de nuancer un peu plus cette typologie.

Tableau 1. Les modes de coordination des transactions économiques selon O. Williamson.

		Caractéristiques de l'environnement		
		non spécifique	mixte	idiosyncrasique
Fréquence des transactions	occasionnelle	Gouvernance du marché	Gouvernance trilatérale	
	récurrente		Gouvernance bilatérale	Gouvernance unifiée (firme)

Source : Williamson O. (1994).

Williamson identifie deux autres modes de coordination. Lorsque les actifs sont spécifiques et la transaction occasionnelle, la *coordination* efficace est *trilatérale* (un intermédiaire qualifié intervient entre l'offreur et le demandeur : un architecte, un médecin, un avocat, une agence de voyage). Et dans certains cas d'actifs spécifiques avec transactions fréquentes et risque, la meilleure *coordination* est *bilatérale* : un contrat de long terme ou tacitement renouvelable, souvent exclusif, est établi entre les parties en présence. Le commerce international de gaz naturel, par exemple, est organisé dans le cadre de contrats. Le producteur engage des capitaux très lourds pour produire et acheminer le gaz vers l'acheteur, ce dernier investit lui aussi des sommes importantes pour tisser un réseau de distribution vers les consommateurs finals. L'un et l'autre, afin de limiter les risques (disparition du débouché pour l'offreur, défaillance de l'approvisionnement pour l'acheteur), passent un contrat les obligeant à une fidélité mutuelle. Cet exemple illustre bien ce qu'est une industrie de réseau : l'offreur réalise un investissement lourd en vue d'atteindre un consommateur qui est placé devant un monopole d'offre ; l'un et l'autre ont intérêt à coopérer, le premier pour disposer d'un débouché sûr, le second pour bénéficier d'un service de qualité. Ainsi, *un réseau établit une relation de dépendance bilatérale entre l'offreur et l'usager*, une relation rigide, souvent exclusive, à travers une infrastructure de transport et de distribution. Du fait de cette rigidité, le réseau est une exception au marché (où le demandeur peut changer de fournisseur à sa guise). Plus généralement, les réseaux font partie des *organisations hybrides* au même titre que la sous-traitance, les *clusters*, la franchise, le partenariat, les coopératives.

Voyons maintenant quelles sont les caractéristiques de ce mode de coordination particulier.

Un réseau est constitué de trois strates

Un réseau est un agencement complexe, un ensemble hétérogène réunissant trois strates étroitement reliées entre elles du fait d'impératifs techniques et économiques.

L'infrastructure du réseau

L'infrastructure constitue la base, le support qui permet le déplacement des biens ou services offerts par le réseau. Elle comprend des éléments matériels (voies ferrées, câbles de cuivre, routes) et immatériels (couloirs aériens, espace maritime, ondes hertziennes) ; mais la composante matérielle est toujours présente : aéroports, installations portuaires, phares et balises, boucle locale de câbles téléphoniques, émetteurs, relais et récepteurs d'ondes hertziennes.

Les économies d'échelle sont fortes dans la composante matérielle des infrastructures de réseau du fait de l'importance des *coûts fixes*, de la lourdeur des investissements, ce qui apparaît nettement dans les comptes des entreprises. Le passif du bilan d'une entreprise mesure le stock de capital qu'elle doit mobiliser pour exercer son activité. Ce capital lui permet d'acquérir brevets, terrains, bâtiments, machines, matières premières, produits semi-finis, liquidités bancaires. Dans une entreprise industrielle classique, ce capital représente entre une et deux fois la valeur des ventes annuelles (ce ratio mesure *l'intensité capitalistique* de l'entreprise). Dans le cas d'une industrie de réseau, le capital à mobiliser peut représenter jusqu'à dix fois le chiffre d'affaires (tableau 2).

On associe à l'infrastructure la caractéristique d'un *monopole naturel*. Cela signifie que, étant donné l'importance des économies d'échelle, la demande est satisfaite au coût le plus bas s'il existe une seule infrastructure : en constituer plusieurs en parallèle, en concurrence, constituerait un gaspillage de ressources. On parle de sous-additivité de la fonction de coût d'une infrastructure : sur un territoire donné, pour une même technique de production, lorsque le coût moyen est décroissant, il est toujours moins coûteux de satisfaire la demande avec un seul offreur qu'avec plusieurs. Le concept de *facilité essentielle*, comme le définit Thierry Pénard (2002), affine la notion plus traditionnelle de monopole naturel : *une facilité essentielle est le point de passage obligé pour l'ensemble des fournisseurs de services finals d'un réseau et ne peut pas être dupliquée ou contournée à des coûts raisonnables.*

Tableau 2. Intensité capitalistique des entreprises de réseau : quelques exemples en 2005.

(en milliards d'euros)		Total du passif du bilan	Chiffre d'affaires	Total du passif sur chiffre d'affaires
Entreprises qui ne sont pas des réseaux	Saint-Gobain (matériaux de construction)	40,8	35,1	1,2
	L'Oréal (chimie fine)	23,9	14,5	1,6
	Alcatel (construction électrique)	21,1	13,1	1,6
	Schneider (construction électrique)	13,0	11,7	1,1
	Renault (construction automobile)	68,4	41,3	1,7
	Accor (hôtellerie)	13,2	7,6	1,7
Entreprises de réseau	France Telecom	109,4	49,0	2,2
	La Poste	110,8	19,3	5,7
	EDF	170,9	51,1	3,3
	RATP	14,1	3,4	4,1
	Réseau de Transport d'Électricité	12,7	4,0	3,1
	Autoroutes du Sud de la France	13,2	2,5	5,3
	Réseau Ferré de France	26,3	2,6	10,1

Sources : Rapports annuels des entreprises mentionnées, disponibles sur Internet.

Les investissements d'infrastructure d'un réseau correspondent en général à des *coûts irrécupérables* (*sunk costs*). Affecter les actifs constituant l'infrastructure à un usage autre que celui pour lequel ils sont conçus (vendre les câbles électriques ou de téléphone au poids du cuivre) serait là encore un gaspillage.

Ce qui implique qu'une concurrence trop vive ou des changements techniques trop rapides risquent de gâcher les ressources rares utilisées dans l'édification des infrastructures.

Les services intermédiaires d'un réseau

Les services intermédiaires constituent la seconde strate d'un réseau. On les qualifie parfois *d'infostructure*. Ce sont les fonctions destinées à optimiser l'utilisation du réseau. Dans le cas d'un réseau électrique, il s'agit du *dispatching* qui permet d'égaliser à chaque instant la quantité d'électricité offerte avec celle qui est demandée. Pour les télécommunications, c'est *l'intelligence de commutation*, système électronique qui, dès que vous avez composé le numéro d'un correspondant, vous met et relation avec lui. Dans le cas des transports aériens, ce sont les fonctions d'aiguillage qui affectent un niveau de vol à chaque aéronef, veillent au respect d'une distance de sécurité entre deux décollages ou deux atterrissages, entre deux vols. L'aspect stratégique de cette strate dépend en partie de la possibilité de stocker (marchandises, courrier, gaz naturel, eau) ou pas (électricité, voix) les biens ou services échangés grâce au réseau.

Les services intermédiaires sont autoconsommés par le réseau, leur existence n'a de raison d'être qu'à l'intérieur d'un réseau précis. Il n'y a donc pas de marché libre de l'offre de ces services intermédiaires et les impératifs techniques font qu'ils sont souvent intégrés dans une même firme avec l'infrastructure. Parfois cependant, ils peuvent apparaître comme un service parmi d'autres, vendu aux usagers du réseau séparément de l'infrastructure : dans le cas des transports routiers de marchandises par exemple, des entreprises de logistique s'établissent indépendamment de l'activité de transport.

À l'heure actuelle, l'étude de cette strate en tant que telle a donné lieu à très peu d'analyses économiques.

L'offre de services finals

La troisième strate d'un réseau correspond à *l'offre de services finals à valeur ajoutée*. Il s'agit de la production d'électricité, de la mise à disposition de gaz, d'eau, de programmes de radio ou de télévision, de l'offre de capacités pour déplacer des personnes ou des marchandises. Les offreurs de services finals sont les utilisateurs de l'infrastructure du réseau.

La nature des services offerts par les réseaux est particulière : elle correspond à des biens ou services considérés comme essentiels au bien-être des citoyens, ou à la cohésion sociale, à la cohérence territoriale. En France, ils sont qualifiés de *services publics* ; dans les pays anglo-saxons, on parle de *utilities*.

Cette strate n'est pas nécessairement sujette à fortes économies d'échelle. Le phénomène peut apparaître comme dans la plupart des activités industrielles mais il s'agit alors d'économies d'échelle construites, résultant de stratégies choisies. Ainsi, une grande compagnie aérienne peut standardiser ses achats d'aéronefs, optimiser l'utilisation et la maintenance de sa flotte à un coût moindre que s'il existait plusieurs compagnies de plus petite taille. Cependant, des petites compagnies indépendantes disposant de peu d'appareils peuvent être tout aussi efficaces en assurant des liaisons entre villes de deuxième importance, ou en s'adressant à la clientèle occasionnelle et sensible au prix négligée par les grandes compagnies (vols à bas coût dits *low cost*, ou vols charters). Les économies d'échelle ne sont pas une caractéristique inhérente à cette strate, ne mènent pas inéluctablement au monopole : la concurrence entre plusieurs offreurs peut tout à fait y jouer efficacement. Elle s'y exercera d'autant plus volontiers que c'est là que se crée la valeur ajoutée du réseau tout entier, là que des bénéfices peuvent être réalisés.

Tableau 3. Exemples d'industries de réseau.

Strates / Industries	Infrastructure	Infostructure	Production de services finals
Télécommunications	Équipements de transmission urbaine (boucle locale) et interurbaine : câbles, réseau hertzien, satellites, fibres optiques	Intelligence de commutation	Communication vocale, transmission d'informations (météo, réveil), fax, images ; et avec le haut débit : Internet, programmes télévisés
Transports maritimes	Ports, signalisation maritime (phares et balises), systèmes de radionavigation, météo marine, moyens de sauvetages et de lutte contre la pollution	Surveillance de l'application des règles de sécurité maritime, veille et interventions en cas d'accidents et de pollution	Transport de passagers et de fret, pêche, loisirs nautiques
Transports ferroviaires	Gares, voies ferrées, systèmes de transmission de signaux	Attribution de sillons, aiguillage du trafic	Transport de passagers et de fret
Radiodiffusion	Appareils émetteurs, réseau hertzien avec relais	Gestion des longueurs d'ondes et des créneaux horaires d'émission	Fabrication, production, achat et diffusion de programmes audio
Électricité	Lignes de transport (haute tension) et distribution (moyenne et basse tensions), transformateurs	Dispatching	Production d'électricité de base et de pointe

Source : d'après Curien N., Gensollen M. (1992).

Faut-il que la production de services finals soit intégrée verticalement dans une même entreprise avec l'infrastructure et l'infostructure d'un réseau ? La question est au cœur des transformations institutionnelles que connaissent actuellement les industries de réseau. L'intégration peut correspondre à la structure la plus efficace dans certaines circonstances, la dissociation est préférable dans d'autres. Contentons-nous pour l'instant de remarquer que l'intégration verticale n'est pas une obligation absolue : des services d'horloge parlante ou d'informations météorologiques, l'annuaire des abonnés, peuvent être offerts par une entreprise publique de téléphonie en situation de monopole intégré mais il s'agit là d'un choix, non d'une fatalité économique ; de la même façon, on conçoit bien qu'un monopole public de télédiffusion puisse acheter des films ou des feuilletons afin de programmer d'autres émissions que ses seules productions. L'intégration verticale des trois strates d'un réseau est possible mais ce n'est pas une nécessité intangible en termes d'efficacité économique.

Les externalités positives des réseaux

On parle *d'externalités* ou d'effets externes lorsque « les décisions de consommation ou de production d'un agent affectent directement la satisfaction ou le profit d'autres agents, sans que le marché évalue et fasse payer ou rétribue l'agent pour cette interaction » (Picard, 1998). La paternité du concept d'externalités est attribuée à Alfred Marshall (1890) qui constate que les gains de productivité réalisés par les entreprises ne proviennent pas exclusivement des modifications dans l'organisation des opérations de production (ce qu'énonçait Adam Smith) mais peuvent avoir pour origine des améliorations générales de l'environnement dans lequel les firmes opèrent. Les industries de réseau donnent naissance à quatre types d'externalités positives : les effets de club, les économies d'échelle, les économies d'envergure, la contribution à la croissance économique ; les trois premiers participent à la dynamique du réseau, le quatrième à la dynamique de l'économie dans son ensemble.

Les effets de club

L'article de James Buchanan (1965) est l'une des premières pierres de l'édifice théorique de l'économie des réseaux. Il présente *les effets de club* comme le fait que *l'usager d'un réseau voit sa satisfaction augmenter à mesure que le nombre d'adhérents au réseau s'élève, sans qu'il ait à payer plus cher.* Si vous vous abonnez à un réseau téléphonique et que vous êtes seul sur ce réseau, la satisfaction que vous en retirez est bien faible. En revanche, au fur et à mesure que les personnes avec qui vous souhaitez communiquer adhèrent au même réseau, votre satisfaction augmente. Autre illustration : dans les zones rurales, le réseau de transports publics de voyageurs est peu dense, la fréquence des passages occasionnelle, l'agrément des usagers faible ; alors qu'en zone urbaine, le réseau est plus dense, la fréquence des passages plus soutenue du fait du grand nombre d'usagers qui en retirent ainsi une satisfaction supérieure. Ou encore dans le cas d'un réseau électrique, le risque de défaillance ou de délestage s'abaisse quand la taille et la densité du réseau augmentent, d'où une meilleure qualité du service.

Les effets de club trouvent parfois des limites dans la composante matérielle des infrastructures, lorsque les capacités arrivent à saturation : les embouteillages routiers en sont une bonne illustration. Lorsqu'un réseau fonctionne à la limite de la saturation, les risques de dysfonctionnement sont importants et les éventuelles défaillances très coûteuses (black-out électrique), la satisfaction des usagers risquant alors d'être fortement dégradée.

Les économies d'échelle

Les économies d'échelle sont des externalités de production attachées aux réseaux. On parle d'économies d'échelle lorsque *l'accroissement de la capacité de production ou du volume de la production s'accompagne d'une diminution du coût unitaire*. Ce phénomène va de pair avec la croissance des réseaux, aux strates de la production de services finals et surtout, de l'infrastructure. Les réseaux gaziers sont une bonne illustration du phénomène. Une canalisation de 30 pouces de diamètre peut transporter 6 milliards de mètres cubes par an, une conduite de 56 pouces permet d'en acheminer cinq fois plus : le coût de transport d'un mètre cube de gaz est alors trois fois moindre. L'abaissement du coût unitaire résulte simplement de lois physiques, des rapports entre volume transporté et quantité de métal utilisée pour construire la canalisation.

Les économies d'échelle peuvent aussi résulter de décisions stratégiques. Dans l'industrie électrique française par exemple, la puissance unitaire des centrales thermiques au fuel est passée en vingt ans de 110 MW à 600 MW, élévation de taille qui a permis un doublement de la pression dans les chaudières et une réduction de 20 % de la consommation spécifique en combustible. Mais l'essentiel des économies d'échelle réalisées dans ce domaine tient au fait que EDF passe des commandes en série, donnant ainsi le moyen aux constructeurs de matériel électrique de standardiser leurs conditions de production et de réduire leurs coûts. À quoi on ajoutera bien sûr le pouvoir de négociation du client de grande taille qui se trouve en position de négocier à la baisse le prix de ses commandes.

Les économies d'échelle peuvent également correspondre à des choix techniques. Dans les communications téléphoniques par exemple, le coût unitaire le plus bas dépend de la quantité d'informations devant être acheminées et aussi de la technique utilisée, ce qu'illustre le graphique 1. Chaque ligne de ce graphique représente la relation unissant le coût de transmission et le volume d'informations devant être transmis, ceci pour différentes techniques de transmission : pour un petit trafic, le câble est la technique la moins chère ; pour un trafic moyen, les faisceaux hertziens puis les satellites sont plus économiques ; si le trafic est plus important, il vaudra mieux adopter la fibre optique.

Graphique 1. Économies d'échelle et choix des techniques dans les télécommunications.

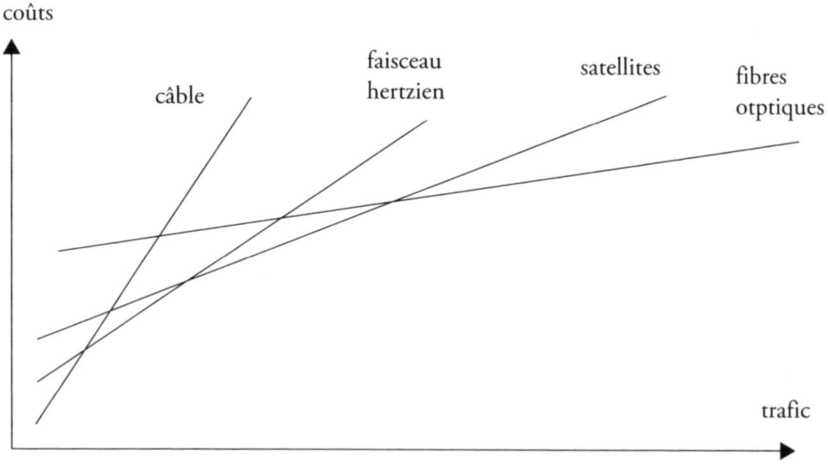

Source : Curien N., Gensollen M. (1992).

Ainsi, les économies d'échelle dépendent de la taille des réseaux, mais aussi de leur structure institutionnelle qui influe sur le choix des techniques : les monopoles privilégient les unités de production de grande taille et les rendent ainsi compétitives, alors qu'une situation de concurrence entre un grand nombre d'offreurs peut conférer une bonne productivité à des outils de production de taille moindre et à des technologies autres que celles utilisées par les monopoles.

Les économies d'envergure

Les économies d'envergure sont un autre type d'externalités attachées aux réseaux. On parle d'effets d'envergure lorsque, *à mesure qu'un réseau se développe, l'offre de services liés à ce réseau s'étoffe, ce qui contribue à améliorer la satisfaction que l'usager retire de son adhésion sans qu'il ait à payer plus cher pour autant.* Prenons l'exemple d'un réseau routier. Lorsqu'il est peu développé, l'automobiliste doit assurer lui-même l'autonomie de son véhicule : les stations services sont rares et en cas de panne, il risque de ne pas trouver de garagiste ; sa satisfaction en serait fortement dégradée. En revanche, si le nombre d'usagers est important, si le réseau est dense, il est très facile de trouver une auto-école pour passer son permis de conduire, les concessionnaires des constructeurs automobiles et vendeurs de véhicules d'occasion sont très présents de même que les stations services et garages, des cartes routières sont disponibles dans toutes les librairies, Bison Futé vous informe des éventuelles difficultés que vous pourriez rencontrer sur votre parcours.

Des économies d'envergure peuvent apparaître également dans la production : c'est le cas lorsque le coût unitaire de fabrication de plusieurs biens ou services est moindre quand ils sont produits par une seule firme plutôt que par plusieurs ; on parle alors *d'économies de gamme.* Par exemple, une firme telle que Veolia peut proposer à une collectivité locale un contrat lié de distribution d'eau, de collecte et retraitement des déchets ménagers, de distribution de chaleur et d'éclairage public à un prix moindre que si tous ces contrats étaient signés de façon séparée, du fait des économies réalisées dans l'élaboration et la passation standardisée des contrats, dans l'installation et la maintenance des infrastructures, dans la gestion de la clientèle.

Les réseaux, facteurs de croissance endogène

Les trois types d'externalités que nous venons d'examiner constituent un élément moteur du réseau dans lequel ils se manifestent. Un quatrième type d'externalités de réseau s'exerce sur l'ensemble de l'économie dans laquelle il s'insert : il contribue à la croissance économique en créant des conditions favorables à l'amélioration de la productivité des facteurs, en réduisant les coûts de transaction, croissance qui à son tour appelle le développement du réseau. Les réseaux sont un facteur de *croissance endogène* comme le sont les dépenses publiques en général et d'infrastructure en particulier, ce que montre Robert Barro (1990).

Il y a longtemps que l'intérêt des réseaux pour l'économie dans son ensemble est admis. Colbert et Vauban en avaient convaincu leurs Souverains respectifs. Qui doit payer pour la construction et l'entretien des routes et canaux ? Pas l'usager, car il n'est pas le seul à tirer avantage des infrastructures qu'il emprunte et parce qu'un péage dissuade l'entrée sur le réseau. Étant donné qu'un bon réseau permet une réduction des coûts et temps de transport, favorise donc le développement du commerce et des activités de production, tout citoyen tire profit de l'existence de ces axes de circulation et chacun doit contribuer à leur création et à leur entretien : ce sera la corvée tout d'abord, puis l'impôt. En Grande-Bretagne, nation maritime s'il en est, sir Matthew Hale démontre en 1670 dans son traité *De Portibus Maris*, que les installations portuaires fonctionnent au bénéfice de tous et doivent de ce fait être en partie réalisées ou du moins encadrées par l'État.

Revenons maintenant à la caractéristique d'ubiquité qui particularise les réseaux. Alfred Marshall (1890) constate que la concentration d'industries spécialisées dans certaines localités permet d'en améliorer la compétitivité. Une telle concentration, les *districts industriels*, s'accompagne d'une meilleure diffusion des connaissances et des améliorations techniques, entraîne la création d'un marché local de main-d'œuvre qualifiée spécialisée, le développement d'activités complémentaires à celle de l'activité principale. La Silicon Valley en Californie pour l'informatique, Hollywood dans le cinéma, le Jura avec la plasturgie, la vallée de l'Arve pour le décolletage sont des districts industriels, de même que la région de Cholet dans la maille et la Vendée pour la construction navale de plaisance. Le parallèle s'impose : les réseaux contribuent à produire à l'échelle d'une économie nationale les effets positifs externes attachés à la proximité dans les districts industriels en conférant le don d'ubiquité aux usagers et aux services fournis, en réduisant les distances et temps de déplacement nécessaires à la réalisation des transactions économiques, avantages dont bénéficie l'ensemble de l'économie. C'est grâce à des réseaux de communications et de transports efficaces que les entreprises peuvent externaliser certaines de leurs fonctions afin de réaliser des gains de productivité.

Différentes études économétriques ont cherché à mesurer la contribution des réseaux à la croissance économique : celle de Cronin (1993) par exemple, portant sur les États-Unis, conclut qu'entre 1975 et 1991, le quart des gains de productivité réalisés peut être attribué aux réseaux de télécommunications.

Disons encore que l'absence ou le mauvais état des réseaux dans les pays du sud constitue un frein à leur développement économique et social. Le président sénégalais Abdoulaye Wade, lorsqu'il inaugure le Nouveau partenariat économique pour le développement de l'Afrique (NEPAD) en 2000, présente comme une priorité les efforts à faire porter sur le développement des réseaux de transport, communications, distribution d'électricité et d'eau, afin de créer des conditions favorables au développement de l'Afrique.

La dynamique d'un réseau

Du fait de l'importance des externalités positives qui lui sont attachées, le développement d'un réseau n'est pas linéaire : chaque réseau est caractérisé par un seuil en deçà duquel il aura tendance à disparaître, au-delà duquel il se développera spontanément. Lorsqu'un réseau commence à se constituer, les coûts d'investissement, lourds, sont amortis sur un petit nombre d'usagers qui, chacun, paye un droit d'accès élevé. La taille du réseau étant alors réduite, les externalités positives de production et de consommation ne sont pas encore sensibles, ne contribuent pas encore à élever la satisfaction de l'usager. Un petit réseau risque fort de disparaître rapidement, l'offre ne suffisant pas à créer la demande. En revanche, si le réseau est établi à une taille supérieure à la masse critique (seuil qu'on appelle aussi *taille minimum optimale*), alors le coût d'accès au réseau est moindre pour chacun des usagers et les externalités positives s'exercent plus intensément ; de nouveaux usagers viennent alors volontiers se joindre aux premiers, accélérant encore sa croissance, intensifiant les externalités positives, la dynamique de la demande tirant celle de l'offre.

Les notions de masse critique et de *taille minimum optimale* permettent de comprendre pourquoi les opérateurs de téléphonie mobile proposent des appareils gratuits accompagnés d'abonnements impliquant une consommation forfaitaire : il s'agit d'éviter toute barrière à l'adhésion au réseau et d'obliger à la consommation, de manière à ce que le réseau atteigne rapidement la taille minimum optimale, seuil d'une croissance autoentretenue de la demande. La stratégie est efficace puisqu'en une décennie, la téléphonie mobile est entrée dans les normes sociales de consommation, tant dans les pays du nord que dans les pays en développement. D'autres réseaux n'ont pas connu le même succès : le minitel qu'Alcatel et l'administration des télécommunications de l'époque ont proposé aux abonnés du téléphone à partir de 1981 n'a pas su, malgré l'absence de barrière à l'entrée (appareil, abonnement et utilisation étaient gratuits), attirer les usagers, demandeurs et fournisseurs d'informations, en nombre suffisant pour passer le cap de la masse critique. Un substitut autrement plus puissant (Internet) est probablement apparu trop tôt (dès 1982).

Du fait de cette dynamique non linéaire des réseaux, de leurs investissements lourds à long délai de récupération, on conçoit bien que les pouvoirs publics soient fondés à s'engager dans leur mise en place à une échelle qui d'emblée passe le seuil de la taille minimum optimale, ce que la concurrence ne saurait faire spontanément.

Graphique 2. Taille du réseau et satisfaction de l'usager.

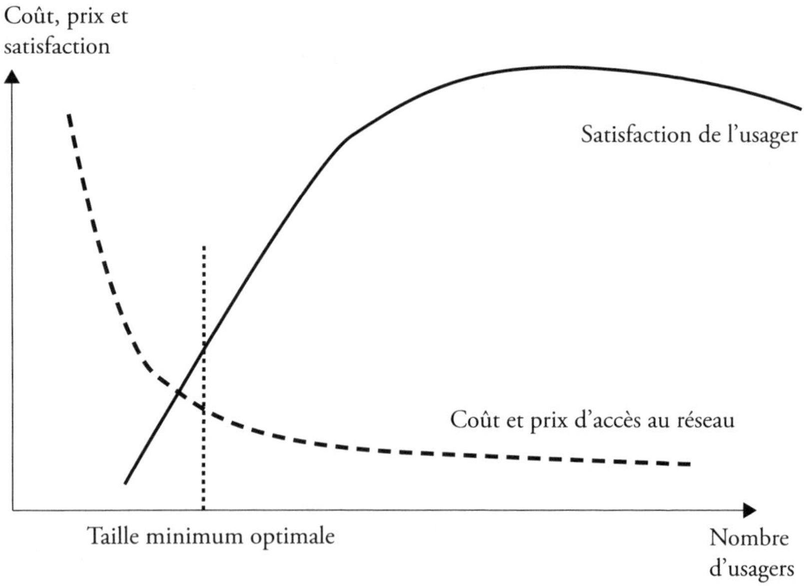

Source : d'après Buchanan J. (1965).

Conclusion

Les particularités des industries de réseau impliquent qu'elles ne sont pas adaptées à une économie classique de concurrence. D'une part, elles mènent si ce n'est au monopole, du moins à des positions dominantes des plus grands opérateurs, d'autre part, elles produisent des externalités positives que les pouvoirs publics ont intérêt à développer, dimension que les stimuli de la concurrence ne prennent pas en compte. On comprend ainsi pourquoi les réseaux fonctionnent avec une présence forte de l'État. Cette manifestation peut prendre différentes formes. Dans une première époque, on a considéré que chaque réseau constituait un tout dont la puissance publique était responsable ; elle pouvait déléguer cette prérogative, sous contrôle, à des entreprises privées, ou en assurer directement l'établissement et la gestion. Dans une seconde époque, il est apparu que le réseau pouvait tout à fait être appréhendé autrement : l'infrastructure, monopole naturel, doit être gérée par les pouvoirs publics tandis que l'offre de services finals, dissociée de l'infrastructure, est plus efficacement assurée par l'entreprise privée en concurrence, sous la surveillance d'une agence de régulation. Ces deux époques correspondent à deux paradigmes différents, à deux outillages théoriques distincts et complémentaires.

Première partie

Le paradigme traditionnel : le monopole public régulé

Lors de leur apparition technique ou dans des circonstances politiques ou économiques favorables, les pouvoirs publics se sont largement engagés dans l'organisation et la gestion des industries de réseau. C'est le cas en Amérique du Nord et en Europe au XIXe siècle. Dans les pays du sud, au XXe siècle, certains gouvernements ont nationalisé les actifs de compagnies étrangères qui ne réalisaient pas les efforts attendus d'elles pour contribuer à un développement rapide de l'économie. Et aussi, à la fin de la Seconde Guerre mondiale ou au moment des indépendances, dans bien des pays, l'État s'est trouvé être le seul agent capable de mobiliser les capitaux nécessaires pour dynamiser ces industries et doué de la volonté indispensable pour en assurer le développement.

Mais dans quelle mesure les pouvoirs publics sont-ils habilités à s'inviter dans les activités productives ? *L'économie publique* est une branche de la théorie économique qui s'interroge sur les raisons pour lesquelles l'État est incité à s'impliquer dans l'économie et sur la place qu'il peut occuper dans la production de biens et services. La grande crise des années trente, la Seconde Guerre mondiale et ses lendemains de reconstruction, ont amené bien des États à s'engager largement dans l'économie : il convenait donc de comprendre la rationalité et d'apprécier l'efficacité de tels engagements.

L'un des fondateurs de *l'économie publique*, Robert Musgrave (1959), distingue les trois fonctions économiques susceptibles d'être remplies par l'État en complément ou en remplacement de mécanismes de marché éventuellement imparfaits :

– une fonction de stabilisation de l'activité économique, en particulier lorsque l'équilibre de marché correspond à une situation de sous-emploi de la main-d'œuvre ;
– une fonction de redistribution, quand l'équilibre de marché aboutit à des inégalités de revenus et de patrimoines dangereuses pour la cohésion sociale ;
– une fonction d'allocation des ressources, lorsque l'affectation des ressources productives laissée aux lois du marché n'est pas jugée satisfaisante (laissant par exemple des besoins de première nécessité non satisfaits). C'est essentiellement dans le cadre de cette troisième fonction que s'inscrit l'analyse économique des industries de réseau.

Selon cette approche théorique, il apparaît que la concurrence est la structure de marché la plus efficace en règle général puisque son libre exercice mène à la création du surplus collectif le plus fort possible, surplus qui est la mesure du bien-être de l'économie dans son ensemble. Mais la concurrence n'est pas efficiente dans des circonstances particulières qualifiées de défaillances de marché : présence de biens collectifs, d'externalités, d'un monopole naturel. Or, ces caractéristiques affectent les industries de réseau. Dans ces conditions, pour que le surplus soit le plus élevé possible, il est apparu nécessaire que ces industries soient organisées en monopole public intégrant l'ensemble du réseau.

C'est dans le cadre de ce paradigme que se sont constituées la plupart des industries de réseau, qu'elles soient locales ou nationales ; c'est dans le cadre de cette vision consensuelle que la plupart des économies se sont relevées des destructions de la Seconde Guerre mondiale et que les pays du sud ont organisé leurs économies devenues indépendantes.

Une question reste toutefois posée : si l'on admet que la concurrence n'est pas efficace pour offrir les biens et services de réseau, a-t-on démontré que l'État réussit mieux que la firme privée dans cette fonction ? Certes les entreprises publiques de réseau, dans un environnement de bonne gouvernance, se sont révélées efficaces ; mais la firme privée ne l'aurait-elle pas été au moins autant ? La question restera sans réponse.

Chapitre I

Le monopole public régulé : approche théorique

La branche de la microéconomie appelée *économie publique* se développe avec les travaux de Paul Samuelson (1954) et de Robert Musgrave (1959), qui étudient la contribution du secteur public à l'allocation optimale des ressources. Le corpus théorique construit à partir de leurs travaux constitue *l'économie du bien-être*, qui se donne comme objectif de comparer les différents équilibres possibles d'un marché en voyant quelles sont leurs conséquences en termes de bien-être pour l'ensemble de l'économie. L'outil de mesure du bien-être est le *surplus*, la référence d'efficacité est *l'optimum de Pareto*.

Selon cette approche, la concurrence est la structure de marché la plus efficace mais il n'est pourtant pas souhaitable ou pas possible de la laisser s'exercer dans certaines circonstances : lorsque l'on rencontre des biens collectifs, des externalités et des économies d'échelle menant au monopole, la concurrence est inefficace et l'État doit intervenir directement afin d'assurer une plus grande efficience. Puisque ces exceptions sont les marques des industries de réseau, l'État doit les organiser et les gérer sous la forme d'un monopole public, structure efficace.

La concurrence pure et parfaite, référence normative d'efficacité

Dans une industrie donnée, le processus de concurrence permet de déterminer le prix correspondant au maximum du surplus collectif. Une intervention de l'État, qui prendrait la forme d'une taxe ou d'une subvention, dégrade le surplus et n'est de ce fait pas souhaitable.

L'optimum de Pareto

Précisons-le tout d'abord, *la concurrence pure et parfaite* est un concept normatif qui ne prétend pas décrire la réalité telle qu'elle est mais permet de concevoir ce qui peut se passer lorsque l'on réduit l'économie à un certain nombre d'hypothèses et de règles de fonctionnement. Cette démarche normative tient lieu des expériences en laboratoire telles qu'on peut les réaliser dans d'autres sciences. *La concurrence pure et parfaite* est définie par quatre conditions : atomicité (grand nombre d'acteurs), homogénéité du produit, information parfaite, libres entrées et sorties sur le marché considéré. Lorsque ces hypothèses sont remplies, aucun agent économique ne peut influer sur le prix qui résulte de la seule confrontation entre offre et demande : il peut uniquement décider des quantités offertes ou demandées, toute autre stratégie lui est déniée.

Le producteur rationnel décide d'offrir une quantité telle que le coût marginal de la dernière unité produite est égal au prix de marché. S'il offrait une quantité différente, soit il vendrait à perte, soit il connaîtrait un manque à gagner : il ne maximiserait pas son profit. Le consommateur pour sa part demande une quantité telle que l'utilité marginale retirée de la consommation de la dernière unité achetée est égale au prix de marché : il maximise ainsi son utilité. Par confrontation entre la somme des offres individuelles et la somme des demandes individuelles, un prix de marché est atteint, équilibre et optimum tout à la fois.

Dans son mémoire de 1844, *De la Mesure de l'utilité des travaux publics*, Jules Dupuit, ingénieur des Ponts et Chaussées, cherchait une façon de mesurer l'avantage procuré à l'ensemble de l'économie par la construction d'une route ou d'un canal : il imagine le concept de *surplus*, somme des différences entre ce que chacun des usagers d'une voie de communication est prêt à payer pour l'utiliser et ce qu'il paye effectivement. *L'économie du bien-être* reprend ce concept et va plus loin. *Le surplus du consommateur* correspond à la somme des différences entre les dispositions à payer de chacun des consommateurs (courbe de demande) et le prix d'achat effectif (prix de marché). *Le surplus du producteur* correspond à la somme des différences entre le prix de vente (prix de marché) et le coût marginal de production de chacun des offreurs (courbe d'offre). *Le surplus collectif* est la somme des surplus du consommateur et du producteur.

Si les conditions de la concurrence pure et parfaite sont remplies sur un marché donné, on aboutit à une situation stable dans le long terme où *le surplus collectif est maximum*, ce qui correspond à un optimum d'efficacité selon Pareto (tout autre équilibre dégrade la satisfaction d'au moins un des agents) : *efficacité productive* (moindre coût unitaire de production), *efficacité allocative* (les facteurs de production rares sont utilisés pour satisfaire au mieux la demande), *efficacité redistributive* (absence de rentes, le prix étant égal au coût moyen et au coût marginal). Si l'on s'écarte de cet optimum stable (déterminé par l'égalité entre coût moyen, coût marginal et prix), le surplus collectif est dégradé.

Il découle de ce raisonnement que le rôle de l'État devrait être exclusivement d'assurer le respect des conditions de la concurrence pure et parfaite.

Taxe et subvention dégradent le surplus collectif

Nous démontrons graphiquement que si l'État taxe ou subventionne un produit, c'est-à-dire s'il fixe un prix supérieur ou inférieur au prix résultant de la confrontation entre offre et demande, il s'ensuit une dégradation du surplus collectif. Dans le graphique 1, le surplus collectif correspond à la surface AEB (ou encore, AEP pour le surplus du consommateur et BPE pour le surplus du producteur).

Graphique 1. Équilibre de marché et taxe.

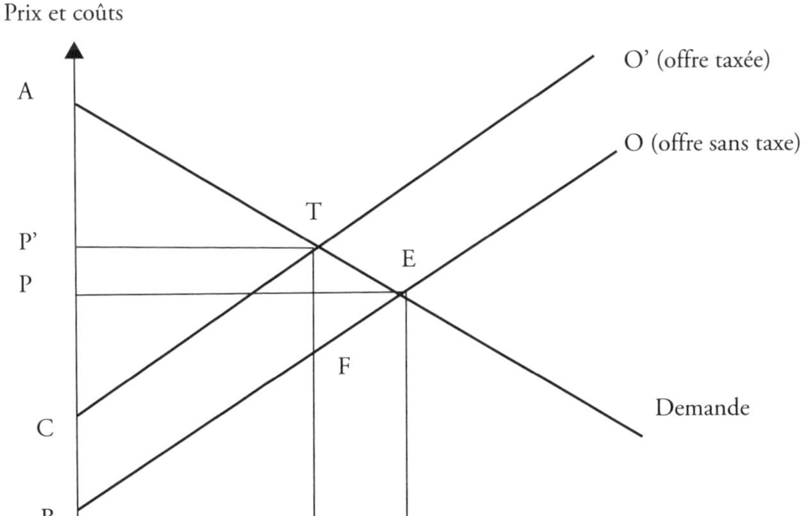

Supposons que l'État prélève une taxe d'un montant unitaire constant sur les biens produits et achetés. La courbe d'offre se trouve décalée vers le haut d'un montant égal à la taxe. Le nouveau prix d'équilibre P' définit les nouveaux surplus : le surplus collectif est représenté par le trapèze à ATFB, soit la somme du surplus du consommateur (ATP'), du surplus du producteur (CP'T), et du surplus de l'État (ce qu'il prélève sous forme de taxes, soit la bande BCTF). Du fait de la taxation, le surplus collectif se trouve amputé de la surface TEF.

Supposons maintenant que l'État subventionne le prix (graphique 2). La nouvelle courbe d'offre est déplacée vers le bas du montant unitaire de la subvention et le prix d'équilibre passe de P à P'. Le surplus collectif avant subvention correspond à la surface AEB. Le nouveau surplus collectif est égal au nouveau surplus du consommateur (ASP'), plus le nouveau surplus du producteur (CP'S), moins la subvention (la bande CBFS : payée par les contribuables, elle doit être retranchée du surplus collectif) ; le nouveau surplus collectif est ainsi égal à l'ancien (AEB), diminué de la surface EFS. La subvention dégrade le surplus collectif.

Graphique 2. Équilibre de marché et subvention.

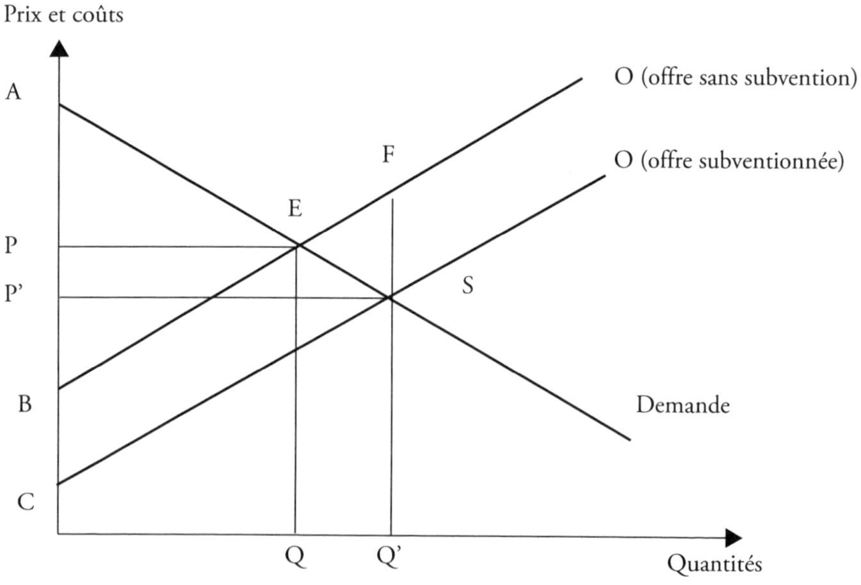

Il apparaît donc bien que l'État ne doit pas intervenir dans l'économie pour modifier les équilibres de marché : s'il le fait, il détériore l'optimum de concurrence.

Les défaillances du marché

Dans certaines circonstances pourtant, il n'est pas possible ou pas souhaitable de faire jouer la concurrence car elle est incapable de mener à l'optimum du surplus collectif. Ces situations sont *les défaillances du marché*, dont on distingue trois sortes : *les biens collectifs*, *les externalités*, *le monopole naturel.*

Les biens collectifs

Les biens collectifs se distinguent des biens privés, normalement échangés sur un marché de concurrence, du fait des deux qualités suivantes :

– ils sont *non divisibles* : la consommation par un individu n'empêche pas la consommation par un autre, ou encore, le coût marginal de production d'une unité additionnelle est très faible ou nul, ce qui est le cas lorsque les économies d'échelle sont importantes ;
– il y a *impossibilité d'exclusion par le prix* : on les consomme sans payer, ou il est trop coûteux d'en faire payer la consommation.

Dans ce cas, les biens ou services doivent être offerts par l'État et non par le marché et le financement de leur production est assuré par l'impôt, avec obligation de consommation, c'est-à-dire impossibilité de se soustraire au prélèvement fiscal, que l'on consomme ou pas tel ou tel bien collectif. Cette défaillance du marché se retrouve dans certains réseaux : les routes, les rues, les phares et balises de la signalisation maritime (Napoléon les organise en une administration publique en 1806, peu après la défaite navale de Trafalgar), la radiophonie (la redevance radiophonique est supprimée en 1975, sa perception étant trop onéreuse au regard des recettes encaissées).

Tableau 1. Les différents types de biens et services.

		Biens ou services divisibles	
		oui	non
Exclusion possible de consommateurs par les prix	oui	Biens privés : nourriture, habillement, logement…	Certains monopoles naturels : TV, autoroutes à péage… industries de réseau, lorsque les fortes économies d'échelle qui les caractérisent rendent leur offre indivisible (coût marginal très faible ou nul).
	non	Ressources communes : ressources pélagiques, bois de feu…	Biens collectifs : armée, police, justice, éclairage public, rues, routes, phares et balises, qualité de l'air et de l'environnement, climat (bien collectif international).

Source : d'après Mankiw G., (1998).

Les externalités

Nous avons déjà caractérisé les *externalités* comme une situation dans laquelle l'action économique d'un agent a une influence (positive ou négative) sur le bien-être d'un autre agent sans qu'il y ait contrat (versement d'une rémunération ou d'une pénalité) entre eux. Le marché ne prend en compte que les coûts et avantages privés (monétarisés par l'intermédiaire du prix) ; la concurrence aboutit à la maximisation du surplus collectif sans retenir les externalités. On peut définir un nouveau type de surplus, *le surplus social*, qui est *la somme du surplus collectif et des externalités* positives et négatives de production et de consommation engendrées par une activité économique donnée. Le qualificatif de *social* est relatif à l'ensemble de la société dans laquelle s'insert le réseau et qui bénéficie ou pâtit des externalités.

En présence d'externalités négatives, le marché conduit à produire trop : le surplus social se trouve alors dégradé. Pour accroître le surplus social, l'État doit intervenir en imposant une taxe qui limitera la demande. Inversement, dans le cas d'externalités positives, le marché conduit à ne pas produire assez : le surplus social n'atteint pas son maximum. L'État doit alors s'interposer par une subvention qui stimule la consommation. Cette prise en compte des externalités constitue une *internalisation* (monétarisation) des *externalités*.

Puisque les réseaux sont caractérisés par leurs externalités positives à la production et à la consommation, l'État est fondé à agir sur le fonctionnement de ces industries.

On peut dire que les réseaux sont un cas particulier de *biens sous tutelle*, biens sur l'offre ou la demande desquels l'État intervient afin d'obtenir un niveau d'offre et de consommation jugé souhaitable pour la société dans son ensemble, ce que ne peut pas faire le marché (ses mécanismes mènent à une consommation insuffisante des biens sous tutelle que sont les services de santé, éducation, culture, sport, et à une consommation excessive de tabac ou alcool par exemple).

Nous démontrons graphiquement que l'internalisation d'externalités accroît le surplus social, en présence d'externalités positives de production et de consommation.

Dans le cas (graphique 3) d'externalités positives de production (économies d'échelle, économies de gamme), le surplus social est égal à la somme du surplus du consommateur ($AEP_{privé}$), du surplus du producteur ($BEP_{privé}$) et de l'externalité positive que l'on suppose ici proportionnelle à la production ($OKFQ_{privée}$). Si l'État subventionne cette activité d'un montant unitaire égal au montant de l'externalité positive, la courbe d'offre se trouve déplacée vers le bas de ce même montant unitaire (Offre sociale), le nouveau prix d'équilibre est P_{social}. Le nouveau surplus social devient la somme du nouveau surplus du consommateur (ASP_{social}), du nouveau surplus du producteur (GSP_{social}), de l'externalité positive de production ($OKHQ_{sociale}$), le tout réduit de la subvention (GBCS). Par rapport à la situation initiale, le surplus social s'accroît de la surface ($FHQ_{sociale}Q_{privée}$) moins le triangle (ECS), résultante qui est positive.

Graphique 3. Internalisation d'externalités positives de production et surplus social.

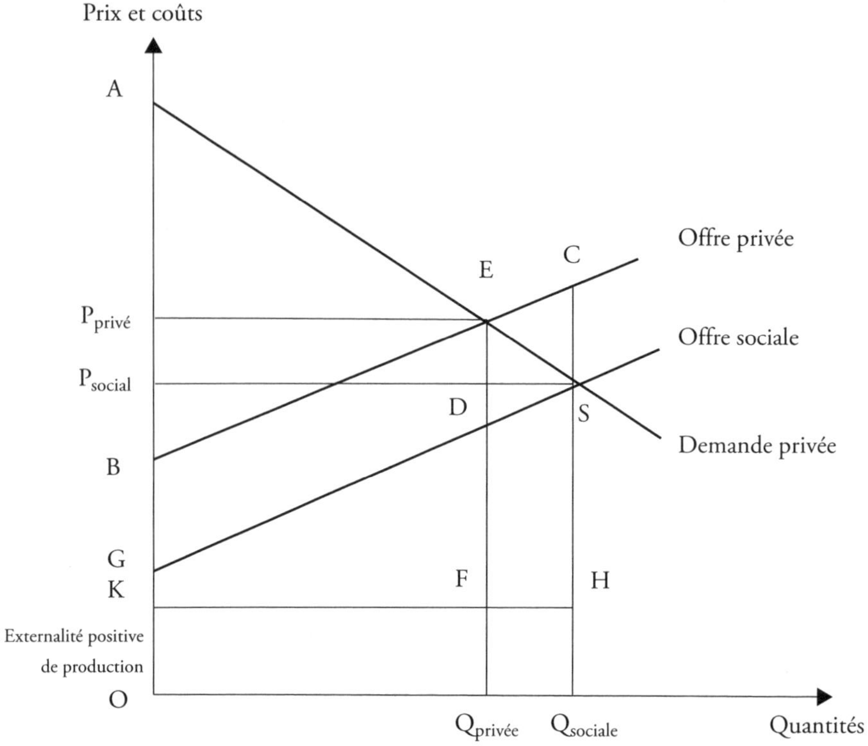

Étudions maintenant (graphique 4) le cas d'externalités positives à la consommation (effets de club, effets d'envergure). Le surplus social est la somme du surplus du consommateur ($AEP_{privé}$), du surplus du producteur ($BEP_{privé}$) et de l'externalité positive de consommation que nous supposons proportionnelle à la consommation ($OKFQ_{privée}$). Si l'État subventionne le prix d'un montant constant égal au montant unitaire de l'externalité positive, les quantités demandées se trouvent déterminées par la confrontation entre la courbe de demande sociale (elle prend en compte toutes les satisfactions reçues par les consommateurs, y compris les externalités) et l'offre ; le volume souhaitable de la demande est : $Q_{sociale}$. Pour atteindre un tel niveau de consommation, le prix de marché doit être égal à P_{social}, ce qui est possible si l'État verse une subvention. Alors, le nouveau surplus social est égal au nouveau surplus du consommateur (ASP_{social}), plus le nouveau surplus du producteur (BDP_{social} moins la perte correspondant aux quantités produites à un coût marginal supérieur au prix de marché, soit DSI), moins la subvention versée par l'État (elle couvre la perte des producteurs, soit DSI), plus les externalités positives ($OKHQ_{sociale}$). Le nouveau surplus collectif est plus grand que l'ancien, d'une surface égale à la différence entre ($FHQ_{sociale}Q_{privée}$) et (ESI), résultante positive là encore.

Graphique 4. Internalisation d'une externalité positive de consommation et surplus social.

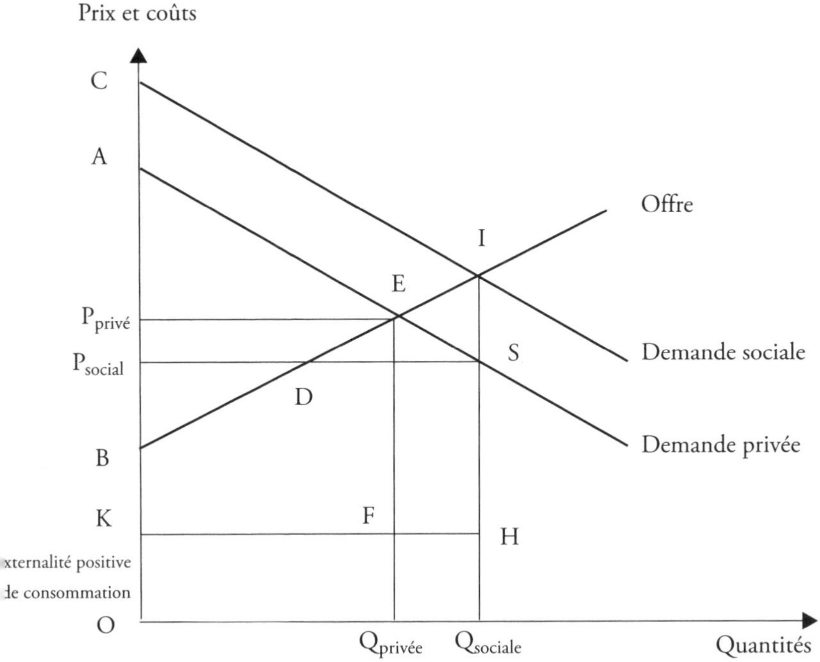

On voit ainsi que l'équilibre avec internalisation des externalités positives de production et de consommation se traduit par un surplus social supérieur à ce qu'il est lorsqu'elles ne sont pas prises en compte, lorsque le prix découle de la concurrence. De telles externalités étant le propre des industries de réseau, il est souhaitable que l'État agisse pour en fixer les conditions d'équilibre.

Le monopole naturel

La concurrence est un processus et non un état stable : son exercice mène à amplifier les inégalités entre offreurs, les plus faibles étant éliminés jusqu'à ce que se constitue un monopole, structure stable. Dans le cas des industries de réseau, la concurrence entre plusieurs offreurs s'accompagne d'un mécanisme qualifié de *rétroaction positive* par Shapiro et Varian (1998) : si plusieurs réseaux sont en concurrence, le réseau le plus grand, du fait des économies d'échelle et autres externalités positives, offre à ses usagers le prix le plus bas et la plus grande satisfaction, attire d'autres usagers et d'autres services adoptant sa norme de compatibilité, ce qui renforce encore la supériorité dont il bénéficie sur ses concurrents plus petits ; les réseaux de moindre taille, quelle que soit leur efficacité technologique, seront éliminés et le monopole s'imposera. Du fait de ce mécanisme, les réseaux sont considérés comme des monopoles naturels, industries dont les structures ne sont pas stables tant que plusieurs offreurs sont en lice : *un monopole est qualifié de naturel lorsque le coût moyen de production est toujours moindre, pour une technologie donnée, lorsqu'il y a un seul producteur.*

Lorsque le monopole est la structure stable d'une industrie (graphique 5), deux situations peuvent être envisagées. *Si le monopole est privé*, il maximise son profit en offrant une quantité telle que le coût marginal de la dernière unité produite est égal à la recette marginale. *Si le monopole est public*, il maximise le surplus collectif en offrant des quantités telles que le coût marginal de la dernière unité produite est égal au prix de marché. Lorsque l'on compare les deux situations, on voit que l'équilibre du monopole public correspond à des quantités offertes et consommées plus importantes, à un prix de marché plus bas ; dans le cas du monopole privé, le surplus collectif est amputé de la surface AEB. En outre, lorsque le monopole public est à son équilibre de long terme (le coût marginal et le prix de marché sont égaux au minimum du coût moyen), il n'y a pas de rente de monopole, alors qu'elle apparaît dans le cas du monopole privé. Le monopole public est ainsi plus efficace que le monopole privé en termes d'*efficacité productive* (coût moyen de production plus bas), d'*efficacité allocative* (meilleure satisfaction de la demande) et d'*efficacité redistributive* (absence de rente). Si un réseau est un monopole naturel, il est donc préférable qu'il soit pris en charge par l'État plutôt que d'être laissé aux lois du marché.

Graphique 5. L'équilibre de long terme du monopole public et du monopole privé.

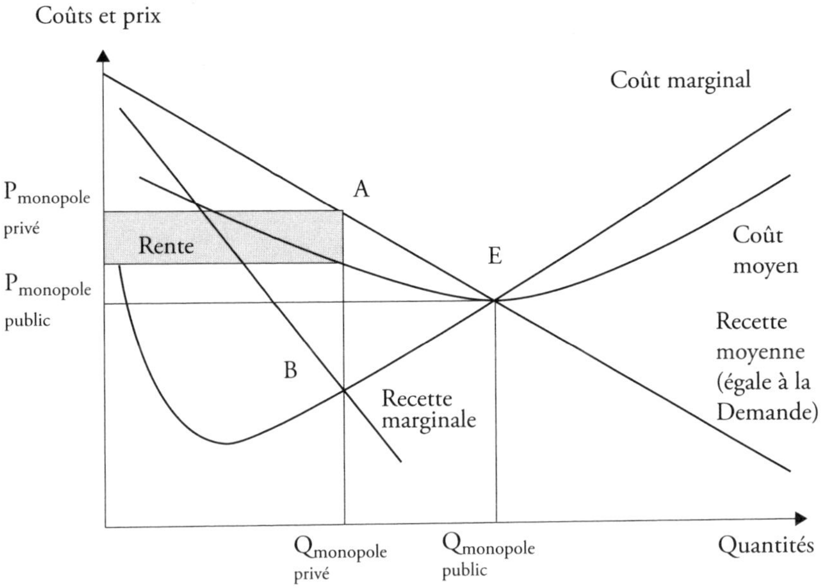

Conclusion

L'économie du bien-être aboutit à l'enseignement suivant : lorsqu'une industrie est caractérisée par des biens collectifs, des externalités ou des économies d'échelle importantes (monopole naturel), il est plus efficace d'en laisser la gestion aux pouvoirs publics. En appliquant une tarification qui prend en compte les externalités, en pratiquant une tarification au coût marginal, le monopole public offre des quantités plus importantes, à moindre prix et à moindre coût, qu'un équilibre de marché. *L'État a donc toute légitimité à intervenir dans les industries de réseau.*

Dans les faits, les pouvoirs publics disposent de deux modalités possibles pour prendre en charge ces industries : soit ils gèrent eux-mêmes un monopole public, soit ils en délèguent la gestion à une entreprise privée, une régulation obligeant alors la firme privée à se comporter selon les objectifs que lui assigne le délégateur.

Selon les époques, les lieux, les circonstances économiques et politiques, l'une ou l'autre des modalités sera préférée. La vision des choses n'étant en outre pas la même suivant qu'il s'agisse d'un réseau monopole local ou d'un monopole national.

Chapitre II

Le monopole public régulé : les expériences du passé

À la lumière du paradigme traditionnel, le bien-fondé de l'intervention publique dans les industries de réseau ne fait pas de doute. Les premiers réseaux pris en charge par les pouvoirs publics sont les routes, les canaux, la distribution de l'eau, les installations portuaires, les services postaux ; les raisons en sont économiques et stratégiques. Lorsque les technologies de la révolution industrielle apparaissent au XIXe siècle, c'est tout naturellement que les collectivités locales estiment de leur compétence d'offrir les services nouveaux, considérés comme des services publics auxquels tout citoyen a droit.

Dans les faits, l'engagement initial de l'État a pris des formes différentes qui ont ensuite évolué avec les circonstances historiques. Pour ce qui est des réseaux locaux, deux modalités d'action publique se côtoient : la production directe par une entreprise publique locale, ou la délégation de service public à une entreprise privée. Selon les pays, au fil des contingences, l'une ou l'autre de ces modalités s'est imposée. Quant aux industries de réseau à l'échelle nationale, il a fallu la conjonction de plusieurs facteurs pour qu'elles soient organisées en monopole public : incapacité de l'entreprise privée à satisfaire correctement le service public ou à tisser un réseau national, crises économiques et sociales, nationalismes économiques et politiques.

On exposera les modalités d'intervention de l'État dans les industries de réseau en distinguant trois domaines : l'organisation des structures industrielles, la régulation hors-prix et la tarification. Et nous nous interrogerons sur l'efficacité de cette intervention publique.

L'organisation des structures industrielles

Les pouvoirs publics interviennent pour organiser les structures des industries de réseau, à l'échelle locale et nationale. Deux architectures apparaissent, le monopole public intégré tendant à l'emporter sans devenir pour autant la norme exclusive.

Le monopole local

Certains réseaux revêtent la caractéristique de monopole naturel au niveau local ou régional : distribution d'eau, de gaz, d'électricité, éclairage public, transports collectifs urbains, remontées mécaniques dans les stations de sports d'hiver, par exemple. Pour offrir ces services, les pouvoirs publics peuvent soit constituer une entreprise publique locale, soit déléguer le monopole public en concession à une entreprise privée qui sera alors encadrée par l'autorité concédante. Aucune de ces deux organisations ne paraît l'emporter systématiquement en efficacité sur l'autre, les doctrines en vigueur et les circonstances enlevant la décision. Le temps et les crises économiques et sociales passant, l'entreprise publique municipale devient prépondérante dans la plupart des pays ; mais dans certains, l'entreprise privée concessionnaire demeure, astreinte toutefois à une régulation plus stricte.

Les premières entreprises municipales de réseau apparaissent au début du XIXe siècle en Allemagne en application de la doctrine selon laquelle les dépenses des communes doivent être couvertes grâce à l'exploitation de leur patrimoine plutôt que par l'impôt. Lorsque les nouvelles technologies de la révolution industrielle se manifestent, c'est tout naturellement qu'elles sont prises en charge par les municipalités : plusieurs milliers de *Stadtwerke* sont ainsi constituées et assurent la production du gaz et de l'électricité, la distribution de l'eau, l'éclairage public, les transports collectifs. Au Royaume-Uni, le courant Fabien du socialisme municipal induit les mêmes choix : les industries de réseau sont organisées à l'échelle municipale sous forme d'entreprises publiques.

En France, les règles du jeu ont été fixées par la loi Le Chapelier de 1791, réaction vive à un régime où toute activité économique dépendait du bon vouloir du roi, de l'État : les collectivités locales ne sont pas autorisées, sauf exception, à exercer une activité économique, sont tenues de déléguer à une entreprise privée concessionnaire l'offre des services publics. Dans les années 1830-1840, partisans et adversaires de la concession s'affrontent pourtant au sujet des chemins de fer, d'aucuns souhaitant que l'État en assure lui-même la construction et l'exploitation. Napoléon III tranche en faveur des concessions et toutes les industries de réseau se développent sous cette modalité : les chemins de fer (dès 1852), le télégraphe (à partir de 1856), l'eau (1860), l'électricité (la première concession parisienne date de 1888). Les compagnies privées concessionnaires exploitent les services publics municipaux dans le respect d'un cahier des charges où les prix en particulier sont fixés. Cet archétype tend à devenir la norme dans un très grand nombre de pays.

Le modèle de l'entreprise locale de réseau est bousculé par la crise profonde des années 1920-1930. Le XIXe siècle avait été une période de grande stabilité des prix. La Première Guerre mondiale amène une vive inflation, phénomène qui n'était pas envisagé dans les contrats de concession : les prix étant bloqués alors que les coûts augmentent très fortement, la plupart des entreprises privées concessionnaires font faillite et sont transformées en entreprises municipales. En France, une loi de 1906 permet la création de régies municipales d'électricité et de gaz et un décret Poincaré de 1926 autorise la constitution d'entreprises d'économie mixte pour les services publics industriels et commerciaux. Elles seront nombreuses à adopter ce statut, avec des capitaux d'origines différentes selon les types de réseaux : syndicats de communes pour les transports en commun, chambres de commerce et d'industrie pour les ports et aéroports et plus tard capitaux d'État pour les autoroutes.

On remarquera que l'eau, en France, a rarement quitté le cadre du service public délégué à l'entreprise privée. Deux firmes, la Générale des Eaux et la Lyonnaise des Eaux, ont ainsi progressivement obtenu des concessions d'eau et d'électricité dans un très grand nombre de municipalités. Au lendemain de la Seconde Guerre mondiale, elles abandonnent leurs activités électriques afin d'échapper aux nationalisations. Leur taille est désormais internationale et leurs compétences embrassent l'ensemble des services publics locaux (tableau 1).

Tableau 1. Les grandes entreprises privées françaises concessionnaires de services publics.

Entreprises	Chiffre d'affaires 2005	Principales filiales et activités
Suez (absorbe la Lyonnaise des Eaux en 1997)	41 milliards d'euros	Énergie : production et distribution de gaz (Distrigaz), d'électricité (Electrabel, Elyo), de chaleur ; Environnement : traitement, distribution, assainissement d'eau, ingénierie de l'eau (Ondéo, Degrémont) ; collecte, retraitement et valorisation des déchets ménagers et industriels (SITA)
Veolia Environnement (issue de la Générale des Eaux, qui devient Vivendi Environnement, et prend sa nouvelle raison sociale en 2003)	25 milliards d'euros	Eau (Veolia Water) : traitement, distribution, assainissement d'eau, ingénierie de l'eau ; Propreté (Onyx) : collecte, retraitement et valorisation des déchets ménagers et industriels ; Énergie (Dalkia) : distribution de chaleur, éclairage public ; Transports (Connex) : transports publics urbains et régionaux (bus, tramways, trains), aéroports.
Vinci (issue en 2000 des deux groupes de BTP : GTM et SGE)	24 milliards d'euros	Énergie (Vinci Énergie) : ingénierie, réalisation et maintenance de réseaux de gaz, électricité, chaleur ; Transports (Eurovia) : construit et gère autoroutes, aéroports, parkings, réseaux de transports urbains.

Sources : Rapports annuels des entreprises, disponibles sur Internet.

Le modèle européen selon lequel les collectivités locales assurent directement de manière croissante l'offre de services publics au fil des crises économiques et sociales n'est toutefois pas la norme absolue. Un autre modèle s'impose aux États-Unis (et au Canada) où les crises successives entraînent un renforcement de la régulation plutôt qu'une mainmise directe accrue des pouvoirs publics. Dans les années 1870, l'expérience des transports ferroviaires montre que l'entreprise privée en concurrence mène à la constitution de monopoles inefficaces sur des chasses gardées jalousement surveillées : des lignes parallèles se concurrencent pour relier les grandes villes alors que les agglomérations de moindre importance sont délaissées, chaque compagnie dispose d'un matériel roulant moderne mais sous-utilisé ; ce gaspillage de ressources entraîne des coûts pesants et donc des prix élevés pour les usagers. Cette même dynamique concurrentielle inefficace commence à s'enclencher dans l'industrie électrique où les municipalités accordent les premières concessions à des entreprises privées en position de monopole sur leur territoire. Certaines villes décident alors d'assurer elles-mêmes l'offre de services publics : les entreprises municipales d'électricité, d'éclairage public, de distribution d'eau et de gaz (il arrive qu'une seule entreprise assure plusieurs de ces fonctions), de transports publics, se multiplient jusqu'au début des années 1920. Mais un biais entache le mouvement : des municipalités corrompues exercent impudemment la gestion de ces entreprises en faveur de leur clientèle électorale ; d'autres négligent les dépenses de maintenance afin d'offrir les tarifs les plus bas possibles. Bref, l'entreprise publique ne s'avère pas plus efficace que l'entreprise privée : il est ainsi décidé de renforcer la régulation à laquelle toutes les entreprises de service public devront se soumettre. À l'échelon de chaque État, des Commissions de régulation (*Public Service Commissions*) sont créées et chargées d'imposer des règles d'efficacité à toutes ces *utilities*, monopoles locaux privés ou publics. Ces commissions précisent les obligations et droits des concessionnaires : tout usager qui en fait la demande doit être desservi sans discrimination de prix, le service doit être assuré sans interruption ; en contrepartie de quoi la compagnie est assurée du monopole du marché local desservi et est autorisée à pratiquer un prix qui couvre ses coûts plus une juste rémunération des capitaux engagés (tarification appelée *cost plus*).

Mais la concurrence trouve le moyen de déjouer cette régulation. Des sociétés holding (Electric Bond and Share sera la plus grande d'entre elles) prennent des participations financières dans plusieurs *utilities* à la fois, s'implantent à l'échelle de la fédération. Ces holdings sont énormes : dans les années vingt, les sept plus grandes produisent 40 % de l'électricité aux États-Unis. Elles facilitent la collecte des ressources financières nécessaires à la croissance et à la modernisation de leurs filiales mais poussent au surinvestissement, gonflent les coûts, et les prix augmentent en conséquence. Du fait de leur taille nationale, elles échappent à la législation de chacun des États. Il faut une nouvelle régulation, votée en 1935 (le *Public Utility Holding Company Act*) pour que ces abus de la concurrence soient muselés. Dans les autres réseaux, une évolution similaire se déroule : pour le téléphone par exemple, des agences à l'échelle de chaque État sont tout d'abord constituées (*Public Utility*

Commissions), et une agence fédérale est ensuite créée (*Federal Communication Commission*) qui régule la concurrence dans les télécommunications, puis dans la radiodiffusion et la télévision. Ainsi en Amérique du Nord, les chocs et crises ont mené non pas au transfert de la propriété des *utilities* vers le domaine public mais à un renforcement de la régulation publique sur les sociétés privées concessionnaires du service public.

Le monopole public national

Autant l'entreprise publique locale a ses défenseurs de longue date, autant l'entreprise publique nationale est récente, fruit de l'évolution des techniques et des à-coups de l'histoire. Il est rare qu'une industrie de réseau ait été dès l'origine instituée en monopole national. Elle s'est tout d'abord organisée à petite échelle, le progrès technique élargissant progressivement l'aire de desserte des premières entreprises (passage au courant électrique alternatif, élévation de la puissance des turbines, des moteurs, des émetteurs), certaines carences ou indélicatesses des entreprises privées poussant à la prise en main par l'État lorsqu'un environnement politique favorable s'est présenté. Certaines périodes sont plus propices que d'autres à la constitution des monopoles publics nationaux : la crise des années 1920-1930, la Seconde Guerre mondiale et ses lendemains, l'accession à l'indépendance des pays du sud. Illustrons ce processus à partir de quelques exemples.

En Italie, les chemins de fer sont nationalisés en 1905 du fait du déficit croissant et de la lourde dette contractée par les entreprises privées du secteur, situation qui figeait toute dynamique. Et la crise financière de 1933 contraint Mussolini à racheter les actifs industriels des banques italiennes menacées de faillite : l'Istituto per la Ricostruzione Industriale (IRI) est constitué, holding financière publique qui assure entre autres services publics le quasi-monopole électrique ENEL. En Espagne, dans des circonstances similaires, le Caudillo crée en 1942 le monopole public des chemins de fer (RENFE) ainsi que la holding publique Instituto Nacional de Industrias (INI) qui contrôle la distribution de l'eau et du gaz, l'électricien ENDESA, la compagnie aérienne Iberia, en particulier. En Autriche, la libération voit la nationalisation de tous les actifs industriels du troisième Reich dans le pays et l'établissement d'un important secteur public dans les industries de réseau.

En France, les grandes entreprises publiques de réseau datent de la même époque. Air France est constituée en société d'économie mixte en 1933 par regroupement de quatre grandes compagnies aériennes (plus l'Aéropostale), puis nationalisée en 1945. La SNCF est fondée en 1938, regroupant en un seul réseau les cinq compagnies ferroviaires qui divisaient le territoire national. EDF voit le jour en 1946, par nationalisation de quelque 1 500 entreprises privées, et tisse le réseau électrique maillé qui dessert l'ensemble du territoire, ce que les compagnies privées n'avaient pas su faire.

Au Québec, le Parti Libéral de Jean Lesage et René Lévêque établit Hydro Québec en 1963 par rachat de dix compagnies privées considérées comme peu efficaces (parmi lesquelles la puissante Shawinigan Water and Power) et de 45 coopératives électriques. La nouvelle firme publique acquiert une taille qui lui permet de réaliser les énormes retenues hydroélectriques de la Manicouagan.

Dans les pays du sud, des processus similaires s'enclenchent. Au Mexique, l'entreprise publique Comisión Federal de Electricidad est créée en 1938 par le président Lazaro Cardenas (il vient de nationaliser les pétroles) et rachète progressivement les actifs des compagnies électriques étrangères opérant sur le territoire national (dont la filiale locale de Electric Bond and Share), compagnies inefficaces pour les Mexicains : elles pratiquent des tarifs élevés sur les marchés urbains captifs et se désintéressent des zones rurales. En vingt ans, la CFE devient un quasi-monopole. Sous d'autres longitudes, à l'heure des indépendances, le modèle de l'ancienne métropole est bien souvent adopté : au Maghreb, en Afrique noire, en Asie, les entreprises publiques sont agencées à l'image des réseaux français, britanniques, espagnols, portugais.

Dans tous ces cas, un gouvernement fort décide de doter le pays des puissants outils de reconstruction et de développement économique et social que sont les grandes entreprises publiques. La confiance dans la planification, qu'elle soit dirigiste à la mode soviétique ou incitative comme dans le modèle français, est très grande dans ces périodes de pénurie absolue de biens matériels, et le calcul économique public est souverain (il culmine avec la rationalisation des choix budgétaires, RCB). On notera qu'une orientation politique socialiste ou communiste, si elle est souvent présente, n'est pas déterminante dans les décisions d'établissement de ces grandes entreprises publiques : en France, c'est le général de Gaulle qui a le plus contribué à l'élargissement du secteur public.

Le modèle d'organisation le plus fréquemment adopté est le monopole public verticalement intégré. *Le capital est public*, ce qui permet à l'industrie de réseau de prendre en considération d'autres valeurs que la seule recherche du profit (engagements de service public, contribution aux objectifs de politique économique et sociale) ; la propriété publique facilite aussi la collecte des capitaux : des obligations d'État à faible taux mais à risque nul se placent facilement dans le portefeuille des épargnants et l'endettement peut être bien plus important que dans le cas d'une entreprise privée ; les capitaux publics peuvent être amortis sur un long délai de récupération, contrairement aux capitaux privés. *Le monopole* est instauré afin d'éviter les gaspillages qui résulteraient d'une duplication des infrastructures ; il permet l'adoption d'emblée des normes de compatibilité technique les plus efficaces, une planification du développement de l'ensemble du réseau, son unification, des commandes de matériel en grandes séries. Le statut de monopole légal n'est pourtant pas toujours attribué à l'ensemble de la filière (EDF par exemple jouit du monopole du transport et du commerce international de l'électricité, pas de la production ni de la distribution). *Les activités sont intégrées verticalement* dans la même entreprise afin d'éviter que des goulets d'étranglement ne freinent le développement de l'ensemble du réseau : c'est en tout état de cause la structure adoptée par toute grande firme en période de forte croissance du marché où le risque potentiel ne réside pas dans la difficulté de vendre mais dans la possible défaillance d'un fournisseur. L'intégration verticale permet aussi d'effectuer des subventions croisées entre les différentes activités et entre les différents usagers, facilite également la péréquation des tarifs de service public. Un *principe de spécificité* est appliqué à ces monopoles : leur statut leur confère la responsabilité exclusive de la production d'un bien ou service particulier ; ils ne peuvent se diversifier en dehors de leur compétence d'origine. L'idée est de bien planifier l'ensemble du secteur public, d'éviter les doubles emplois.

La période de forte croissance qui accompagne l'apparition et le développement de ces monopoles publics, la grande rareté des ressources, la vision socialement admise d'un État acteur économique central, tout cela concourt à forger cette structure. Dans ces circonstances, un tel agencement permet certainement de réduire les coûts de transaction par rapport à une organisation moins intégrée horizontalement et verticalement, par rapport à une configuration plus concurrentielle.

Il convient de remarquer toutefois que le monopole public national tel qu'on le connaît en France n'est pas un modèle universel. En Allemagne par exemple, l'industrie électrique est partagée entre huit grandes sociétés privées ou à capitaux mixtes qui produisent les trois quarts de l'électricité du pays et collaborent très bien pour assurer l'interconnexion du réseau national. Aux Pays-Bas, cinq compagnies électriques cohabitent efficacement. Au Japon, une loi de 1951 répartit entre dix sociétés privées l'industrie électrique du pays, sous le contrôle du ministère de l'Industrie et du Commerce extérieur (MITI) ; et dans ce pays, les transports ferroviaires sont assurés par sept sociétés régionales. En Australie, une vingtaine d'entreprises privées produisent l'essentiel de l'électricité du pays. Aux États-Unis, une multitude de firmes privées fournissent les trois quarts de la production électrique, les entreprises publiques (elles ont pour la plupart été créées par le président Roosevelt à l'époque du New Deal) complétant l'offre, en particulier dans les régions rurales délaissées par le privé.

Encadré 1. Histoire des chemins de fer en France.

La première ligne de chemin de fer est inaugurée en 1828, à Saint-Étienne. L'intérêt de ce nouveau mode de transport apparaît bien vite et le législateur édicte en 1842 la loi permettant de développer le réseau : l'infrastructure (les gares, ainsi que le terrain sur lequel les voies sont installées) est propriété de l'État, la construction et l'exploitation des lignes étant confiées en concession à des entreprises privées. Plusieurs sociétés exploitantes voient alors le jour mais la lourdeur des investissements, le long délai de récupération, une vive concurrence, entraînent faillites et concentration. En 1860, six grandes compagnies sont présentes à l'échelon national : La Compagnie du Nord, le Chemin de Fer de l'Est, le Paris-Lyon-Méditerrannée (qui exploite aussi les lignes d'Algérie), les Chemins de Fer de l'Ouest, les Chemins de Fer du Midi et le Paris-Orléans (ces deux dernières fusionneront en 1934).

L'oligopole qui s'est partagé le territoire est peu dynamique. Les lignes secondaires, déficitaires, sont reprises par l'État en 1878. Le ministre des Travaux publics de l'époque, Charles Freycinet, engage cette même année un vaste programme de développement de l'infrastructure ferroviaire du pays qui fonctionnera jusqu'en 1914 : toutes les sous-préfectures sont alors reliées au réseau national, plus de 10 000 km de lignes ont été installés.

Entre les deux guerres, la dynamique ferroviaire s'essouffle ; le pouvoir politique décide en 1938 de regrouper les désormais cinq grandes compagnies en une seule, la Société Nationale des Chemins de Fer Français (SNCF), société anonyme détenue à 51 % par l'État, créée pour 45 ans.

La SNCF contribue activement à la reconstruction de l'après Seconde Guerre mondiale, réalise de nombreuses prouesses techniques (le TGV inauguré en 1981 est la plus fameuse) mais sera toujours handicapée par un déficit constant et une dette pesante. En 1983, la SNCF devient entreprise publique à part entière, sous le statut d'Établissement public industriel et commercial. C'est au même moment que la loi d'orientation des transports intérieurs cesse de protéger le rail contre son substitut : la route.

En 1991, la SNCF est réorganisée pour s'adapter à la libéralisation des transports : le Réseau Ferré de France (RFF est dissocié de la SNCF) est propriétaire de l'infrastructure et reprend la dette de la société ; elle exploite les grandes lignes TGV et Corail ainsi que le transport de fret (elle paye une redevance au RFF pour l'accès à l'infrastructure) ; les régions exploitent les lignes locales secondaires (TER) ; certaines lignes internationales (Thalys, Eurostar) sont gérées par des filiales communes à la SNCF et à ses homologues européens.

LES RÉGULATIONS HORS PRIX

Une fois les entreprises de service public créées, les pouvoirs publics en organisent la régulation : ils assignent à ces entreprises des obligations particulières en contrepartie de quoi elles jouissent d'un monopole. En dehors de la détermination des prix, on distingue deux domaines de régulation : l'exercice général du contrôle sur les entreprises et les obligations de service public.

Le contrôle des entreprises publiques

L'entreprise publique, ou l'entreprise privée à laquelle le monopole de service public a été concédé, est bien souvent considérée comme une *entreprise bienveillante*, comme un simple relais technico-économique de l'État dénué de tout objectif ou stratégie propre. Lorsque cette entreprise est locale, son contrôle passe par l'établissement d'un cahier des charges, contrat signé entre le concédant et l'entreprise publique ou privée qui stipule les droits et obligations des parties en présence : le monopole de l'offre est accordé avec pour contrepartie l'obligation de répondre à la demande de tout usager. Une supervision démocratique est effectuée par un conseil municipal, général ou par les représentants d'un syndicat de communes, bien que les dimensions techniques et financières très complexes ne soient pas toujours correctement appréciées par les représentants des citoyens.

Aux États-Unis, le comportement des *utilities* est encadré par des commissions de régulation qui veillent à ce que le monopole accordé ne s'exerce pas au détriment des consommateurs, ni à l'avantage des élus politiques.

Lorsque l'entreprise est nationale, la question de son contrôle se pose en d'autres termes : comment l'État actionnaire peut-il gérer une entreprise, quelle fonction objectif peut-il lui attribuer ? En France, l'entreprise publique nationale a tout d'abord été perçue comme un banal outil de la politique économique et sociale. Les contrôles qui pèsent sur elle sont multiples (*a priori* et *a posteriori*) et sont effectués par les deux ministères de tutelle dont elle relève : le ministère des finances et un ministère technique (industrie, transports, équipement). Tout cela s'est traduit, on le conçoit aisément, par de piètres performances pour ces entreprises empêtrées dans un écheveau d'obligations pas toujours cohérentes entre elles. Par exemple, leurs investissements sont décidés annuellement, alors qu'une programmation pluriannuelle s'imposerait à l'évidence : ils sont suspendus en cas de surchauffe de l'économie, repris lorsqu'il s'agit de relancer une croissance atone. Ou encore, l'État peut exiger de ses entreprises qu'elles accroissent les salaires qu'elles versent à leurs employés dans le but de relancer la demande, indépendamment des gains de productivité effectivement réalisés, ce qui souvent creuse des déficits importants dans les comptes.

Étant donné les médiocres résultats tout d'abord obtenus, il s'avère rapidement nécessaire d'inscrire les relations entre l'État et ses entreprises dans une autre conception. Elle prend corps avec la publication du *Rapport Nora sur les entreprises publiques* (1967). Il est désormais admis que même publique, une entreprise est une firme avant tout, capable de stratégie propre et responsable de sa gestion, conditions indispensables à l'obtention de bonnes performances. Certains objectifs de politique économique et sociale peuvent bien entendu être assignés à ces entreprises mais l'État devra payer les surcoûts correspondant à ces obligations. Avec cette nouvelle perception des choses, un *contrat* (d'entreprise, de plan, ou de progrès) est désormais passé entre l'entreprise publique et l'État, prévoyant les droits et obligations des parties en présence. Les deux premiers contrats de plan passés par la SNCF et par EDF ne s'avèrent cependant pas très probants : il faut dire qu'ils tombent bien mal puisqu'ils coïncident avec le début de la crise pétrolière. Pourtant le principe s'améliore avec l'expérience, les contrats sont généralisés à partir de 1983 et deviennent efficaces. Ils fixent un nombre réduit d'objectifs à une entreprise publique et la laisse totalement libre de sa gestion par ailleurs ; l'exemple du contrat de plan passé entre EDF et l'État pour la période 1989-1992 est une bonne illustration du nouveau principe (tableau 2). Dans ce nouveau cadre de contrôle, les entreprises publiques fonctionnent bien.

Tableau 2. Un exemple de contrat de plan.

Entreprise et période concernées	Objectifs
EDF (1989-1992)	– Réduire les prix de 1,5 % par an. – Réduire la dette de l'entreprise de 3 milliards d'euros (20 milliards de F, à l'époque). – Rémunérer au taux de 5 % les capitaux de l'État dans l'entreprise. – Assurer la sécurité nucléaire et l'approvisionnement des consommateurs.

La notion de service public

Les industries de réseau revêtent un caractère particulier au sens où leur fonctionnement satisfaisant est indispensable à la bonne marche d'une économie, à la cohésion sociale et territoriale. Les entreprises publiques chargées de ces industries ne doivent pas se comporter comme des entreprises privées recherchant essentiellement leur profit ; elles sont au service non pas de consommateurs ou clients, mais d'usagers dont elles doivent satisfaire des *besoins essentiels*. Les *services publics marchands* (ils sont encore largement non-marchands dans le domaine de la santé, de l'éducation, du sport, de la culture) correspondent assez bien aux services offerts par les industries de réseau. La notion de *service public* a un contenu proche du terme de *utilities* dans les pays anglo-saxons, du principe de *services d'intérêt général* du droit communautaire européen. Une perception nouvelle tend à s'imposer progressivement en Europe au fil des directives de la commission de Bruxelles, celle de *service universel*: il s'agit d'un service ouvert à tous dans des conditions d'accès et de prix raisonnables; chaque État membre saura interpréter. Quel que soit le contenu précis accordé au terme de service public, l'idée reste admise que son offre dans le cadre des réseaux est spécifique, qu'il est tout à fait concevable de ne pas la soumettre aux règles du marché.

En France, les trois traits distinctifs fondamentaux d'un *service public* sont identifiés dans le *Traité de droit constitutionnel* de Léon Duguit, en 1928:

- *la continuité*: les services publics doivent être offerts sans interruption puisqu'ils satisfont des besoins essentiels des usagers (la production ne doit pas être arrêtée si elle s'avérait non rentable; se pose aussi la question du droit de grève);
- *l'égalité de traitement*: des usagers placés dans des situations similaires doivent être traités de la même façon (la notion d'égalité entre citoyens est transposée à l'économie; se pose la question de la péréquation des tarifs, des subventions croisées entre usagers: ceux qui sont situés en zone urbaine dense subventionnent ceux qui habitent les zones rurales, par exemple, ce qui n'est plus forcément justifié quand la campagne devient résidentielle);
- *l'adaptabilité*: le service public doit rester de qualité quand les techniques et les besoins changent (il ne faudrait pas que les services publics se cantonnent dans des technologies obsolètes alors que le secteur privé utilise les technologies les plus récentes; se posent des questions liées au financement des obligations de service public, rentables sur le long terme uniquement; l'adoption d'une technologie nouvelle doit-elle se faire dès son apparition, ou après que la technologie qu'elle remplace ait été amortie?)

Ces principes, et les réponses aux questions soulevées par leur application s'inscrivent plus facilement dans une régulation publique que dans un cadre concurrentiel.

La tarification

Une entreprise publique, ou une entreprise privée délégataire d'un monopole de service public, est isolée du marché: elle doit appliquer les prix administrés fixés par les pouvoirs publics. Grâce à l'abstraction normative de la microéconomie, on sait que le prix qui maximise le surplus collectif est égal au coût marginal. La transposition de cette logique dans la réalité industrielle prend le nom de tarification au coût marginal, principe qui globalement a fait ses preuves, malgré certaines limites.

La tarification au coût marginal

La mise en œuvre concrète d'une tarification au coût marginal est attachée au nom de Marcel Boiteux, longtemps président d'EDF, qui l'a appliqué pour la première fois en 1956 avec le *tarif vert* offert aux clients industriels. En 1962, la SNCF adopte le *tarif bleu blanc rouge* sur le même principe. EDF étend la tarification au coût marginal à ses clients domestiques en 1965 (*le compteur bleu*). Le principe est ensuite repris par la plupart des entreprises de réseau, dans le monde entier (transports ferroviaires, aériens, distribution de gaz, d'eau, services postaux, téléphone).

La logique de la tarification au coût marginal est la suivante. Si le client consomme à un moment où il en coûte cher à l'entreprise pour satisfaire la demande, il payera un prix élevé ; s'il consomme à un moment où le coût de satisfaction de sa demande est faible, il payera un prix réduit. Du fait de l'information ainsi donnée par le prix, le client cherchera à consommer au moment où cela lui revient le moins cher, donc au moment où le coût de production de sa demande sera le plus bas, pour la firme et pour la société dans son ensemble. Dans le cas de l'industrie électrique par exemple, la demande appelée pendant les heures de pointe (la soirée) coûte cher à satisfaire puisque des centrales électriques (barrages de retenue, turbines à gaz) sont installées pour satisfaire uniquement cette demande de quelques heures par jour et sont en conséquence amorties sur une petite production. En revanche, la demande de base est appelée vingt-quatre heures sur vingt-quatre, ce qui permet une bien meilleure utilisation des capacités (centrales nucléaires, hydraulique au fil de l'eau), un bien meilleur amortissement. La tarification au coût marginal déplace en partie la demande de la pointe vers la base, permet d'élever le taux d'utilisation de l'ensemble des capacités installées, se traduit par une économie sur les investissements et la production de pointe.

Tableau 3. Exemple de tarification au coût marginal : tarifs électriques de EDF (en €, TTC, au 1er décembre 2006).

Puissance de l'abonnement	Abonnement simple : option base		Abonnement double : option heures creuses		
	Abonnement annuel	Prix du kWh	Abonnement annuel	Prix du kWh en heures creuses	Prix du kWh en heures pleines
6 kVA	61,05 €	10,74 c/kWh	105,87 €	6,54 c/kWh	10,74 c/kWh
12 kVA	173,03 €	10,74 c/kWh	274,04 €	6,54 c/kWh	10,74 c/kWh

Source : EDF, site internet.

Concrètement, la tarification électrique au coût marginal (tableau 3) prend la forme d'une facturation binaire : abonnement fixe plus prix par kilowattheure consommé. L'abonnement couvre les investissements engagés par le fournisseur pour produire et amener l'électricité à l'usager : que celui-ci consomme ou pas, il convient de lui faire supporter ce coût. Le barème par tranches est là pour inciter l'usager à limiter les capacités appelées, à utiliser au mieux la capacité dont il dispose. En outre, lorsque le client est un gros consommateur, deux prix différents du kWh lui sont proposés, destinés à orienter la consommation vers les heures creuses (là où le coût de production est moindre).

Tarification et équilibre financier de la firme

Une difficulté rencontrée par la *tarification au coût marginal* est que le prix pratiqué ne permet pas toujours à l'entreprise d'atteindre l'équilibre financier : si l'industrie est caractérisée par des économies d'échelle importantes et se trouve en phase de forte croissance, le coût marginal est inférieur au coût moyen. Cette situation est appelée *monopole naturel fort.*

Pour que la firme en monopole dans une telle industrie équilibre son budget, il faudrait qu'elle pratique une tarification au coût moyen. Or, une telle tarification constitue une mauvaise information pour le consommateur : il paye le même prix, que la production de ce qu'il demande coûte cher ou pas à la société ; par ailleurs, elle mène à un équilibre qui élève le prix et restreint la demande (graphique 1), elle limite donc la satisfaction des consommateurs, réduit le surplus collectif, freine le développement du réseau et l'apparition des externalités positives qui lui sont attachées. Enfin, elle n'incite pas à une bonne gestion puisque toute augmentation du coût moyen est mécaniquement répercutée sur le prix. La tarification au coût moyen est pratiquée par exemple sous la forme d'une taxe annuelle pour l'enlèvement des ordures ménagères ; mais le coût croissant du tri et du retraitement des ordures amène logiquement à tester l'instauration d'une partie variable (coût marginal) dans cette tarification dans le but de sensibiliser les ménages à l'enjeu financier croissant que représente cette activité : cette nouvelle tarification est pratiquée en Allemagne, Autriche, dans certains cantons suisses. La tarification timbre-poste (prix unique indépendant de la distance d'acheminement et du poids du courrier) est un autre exemple de ce principe qui n'informe pas sur les coûts effectifs mais réduit toutefois considérablement les coûts de transaction.

Graphique 1. Tarifications au coût marginal (Cm) et au coût moyen (CM) dans le cas d'un monopole naturel fort.

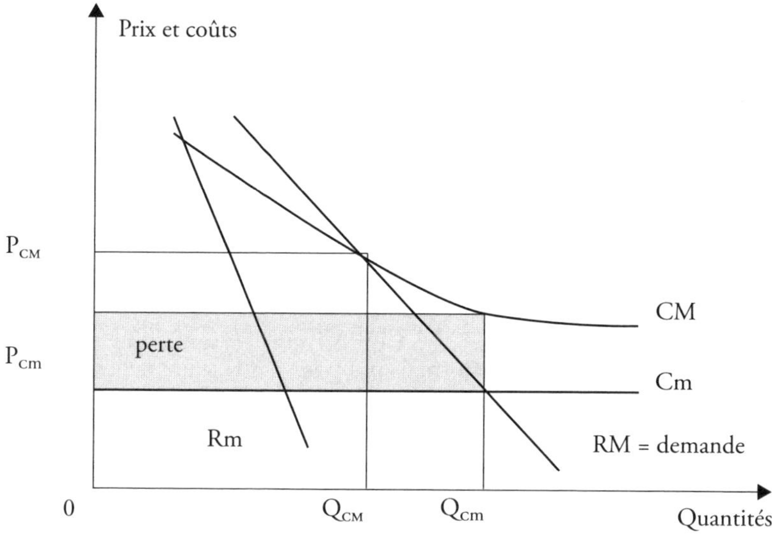

Il va donc falloir trouver une méthode de tarification du *monopole naturel fort* qui cherche à concilier l'optimum du surplus collectif (tarification au coût marginal) et l'équilibre financier de la firme (tarification au coût moyen). Différentes solutions existent, toutes imparfaites.

Deux des réponses correspondent à un *optimum de premier rang*, c'est-à-dire qu'elles privilégient le respect du principe de la tarification au coût marginal du fait de son efficacité. L'une est préconisée par Harold Hotelling (1938) pour les transports ferroviaires : le prix sera la somme du coût marginal et d'une subvention. Ce type de tarification est appliqué aujourd'hui dans les transports collectifs urbains. En supposant que le coût marginal est une bonne estimation du coût variable moyen, alors le montant de la subvention est égal au coût fixe unitaire : ainsi, l'entreprise équilibre son compte de résultat. Mais cette solution n'incite pas l'entreprise à la bonne gestion (tout gaspillage sera couvert par la subvention). Par ailleurs, elle ne prend pas en compte le coût d'opportunité des subventions (l'argent aurait pu être employé à un autre usage). On peut toutefois considérer que cette modalité correspond à une internalisation des externalités positives attachées au réseau, pratique efficace de ce point de vue.

Une autre solution est préconisée par Ronald Coase (1945) : elle consiste en un prix égal à la somme du coût marginal et d'un abonnement payé par l'usager, tarification binaire (ou tarif binôme). Le montant de l'abonnement couvre, dans son principe, l'écart entre coût moyen et coût marginal (ou coût variable), c'est-à-dire le coût fixe moyen ; l'entreprise équilibre alors son budget. Cette modalité était proposée par Coase en opposition à la *tarification timbre-poste*. Cette manière de faire risque cependant d'écarter certains consommateurs à faibles revenus, dissuadés par un péage à l'entrée trop important. Pour éviter cet inconvénient, il est possible de fixer un montant faible de l'abonnement pour les consommateurs peu fortunés et un montant plus élevé pour les consommateurs aisés, la distorsion inverse (subvention croisée) étant opérée sur la partie variable de la tarification (les barèmes sont dits « non linéaires »). Ce principe peut être appliqué pour des demandes incontournables (eau) mais pas pour des réseaux ne satisfaisant pas des besoins essentiels (téléphonie mobile dans sa phase de lancement). Il est parfois pratiqué de manière déguisée, lorsque l'abonnement n'apparaît pas en tant que tel : par exemple dans la tarification postale actuelle (les coûts fixes de distribution représentent l'essentiel du coût d'acheminement du courrier).

Tableau 4. Deux exemples de tarification « à la Coase ».

Tarification de l'eau en 2007	Abonnement (compteur + assainissement)	Consommation
Dans un syndicat de communes du département du Tarn	73 €/ an	1,17 €/m^3
Dans un canton du sud du département de l'Isère	108 €/ an	0,55 €/m^3

Tarification postale, au 1er janvier 2007	Lettres jusqu'à 20 g	Lettres de 20 à 50 g	Lettres de 50 à 100 g	Lettres de 100 à 250 g
Tarif prioritaire	0,54 €	0,86 €	1,30 €	2,11 €
Écopli (non prioritaire)	0,49 €	0,70 €	0,84 €	1,57 €

D'autres tarifications correspondent à un *optimum de second rang*; elles consistent à trouver la solution à un problème d'optimisation sous contrainte (maximum du surplus collectif sous contrainte d'équilibre comptable) :

$$\begin{cases} \textit{Max} \text{ Surplus collectif} \\ \textit{s.c.} \sum \text{recettes} = \sum \text{dépenses} \end{cases}$$

Deux cas peuvent être envisagés. *Lorsque l'entreprise offre un seul produit*, la solution évidente s'impose : le prix doit être égal au coût moyen. Et *lorsque l'entreprise offre plusieurs produits à plusieurs types de consommateurs*, la solution est connue sous le nom de *tarification Ramsey-Boiteux*. Pour chaque type de produit et de consommateur, un prix sera fixé de manière telle que l'écart relatif du prix par rapport au coût marginal est proportionnel à l'inverse de l'élasticité de la demande par rapport au prix, soit :

$\frac{p}{Cm} = \alpha \frac{1}{\varepsilon}$, p étant le prix, Cm le coût marginal, α étant un coefficient de proportionnalité et ε l'élasticité-prix de la demande (soit :

$$\varepsilon = \frac{\Delta demande / demande}{\Delta prix / prix}).$$

En termes plus simples, on peut dire que la *tarification Ramsey-Boiteux* correspond à une *tarification à la valeur d'usage*. Il s'agit de faire payer plus cher les consommateurs qui ne peuvent pas se passer du produit offert et moins cher ceux qui le peuvent. L'application de cette tarification conduit à des *subventions croisées*, le consommateur captif payant pour le consommateur qui peut s'évader. De fait, les subventions croisées sont largement mises en œuvre par les monopoles de réseau intégrés verticalement, afin de refermer quelque peu l'éventail de prix qui résulterait d'un strict respect des coûts marginaux. La pratique veut que le service final soit vendu au-dessus de son coût alors que le prix d'utilisation de l'infrastructure (transport et distribution) est fixé au dessous ; ou encore, les consommateurs en heures creuses payent en partie pour les consommateurs en heures pleines ; les usagers des zones denses payent en partie pour ceux des zones dispersées ; les clients professionnels payent en partie pour les clients domestiques. Toutes ces distorsions doivent-elles être considérées comme nécessaires à l'équilibre financier d'un service public efficient, comme des mécanismes de péréquation des services publics, ou comme des subventions croisées inefficaces puisque personne ne paye alors au véritable coût marginal ?

Encadré 2. La tarification « timbre-poste »

Au début du XIXe siècle, les services postaux sont encore peu développés (peu de gens savent lire et écrire). Le prix d'acheminement d'un pli est calculé en fonction de son poids et de la distance parcourue, à charge pour le destinataire d'acquitter ce prix, relativement élevé. S'il refuse le pli, le coût de transport aura été engagé en pure perte. Dans cette situation, le coût de transaction est très fort, les possibilités de triche sont importantes ; et le coût important du service représente un obstacle à son développement.

Une modification radicale est imaginée par sir Rowland Hill qui fait adopter par la Grande-Bretagne en 1840 le principe du timbre-poste : désormais, un pli sera payé par l'expéditeur, à un tarif unique quelle qu'en soit la destination, quel qu'en soit le poids (dans une certaine limite toutefois). Le prix à payer est par ailleurs relativement bas. Le premier timbre émis est le *one penny black*, à l'effigie de la reine Victoria. La France se rallie au même principe en 1849 avec l'émission du timbre « Cérès 20 centimes », la déesse des moissons étant l'emblème de la République. Le symbole est là pour rappeler que la poste est un service public assuré par l'État.

Une telle tarification réduit considérablement les coûts de transaction et élimine la triche. Le prix fixé est volontairement bas, inférieur au coût moyen, et correspond à une tarification intertemporelle : grâce à ce prix bas, la demande s'accroît, ce qui permet à terme de mieux utiliser les capacités de collecte, tri, transport, distribution, d'en abaisser le coût moyen. Cette tarification conduit à une amélioration de l'efficacité des services postaux : un service mieux rendu à un coût privé et social plus bas.

Dans des industries où il est délicat, coûteux, dissuasif de tarifer l'accès au réseau en fonction de la distance parcourue, on opte pour une tarification « timbre-poste ». C'est le cas pour le transport de l'électricité (le courant électrique circule dans un réseau maillé selon les lois de Kirchhoff qui rendent impossible la mesure de la distance parcourue), ou encore pour l'accès au réseau autoroutier (la Suisse propose aux usagers des autoroutes de la Fédération une vignette annuelle forfaitaire relativement peu coûteuse).

Les performances des entreprises de réseau monopole public

L'État intervient dans les industries de réseau du fait de leurs particularités (monopole naturel et externalités) : le monopole public est instauré et la tarification au coût marginal appliquée. Mais sous cette organisation, l'État est-il effectivement plus efficace que l'entreprise privée ? C'est la question que pose la théorie du *public choice* à laquelle on attache les noms de Gordon Tullock et de James Buchanan (1962). Le raisonnement est le suivant : dans les grandes démocraties d'aujourd'hui, la classe politique est incapable d'agréger toutes les préférences individuelles dans des décisions publiques faisant l'unanimité. Puisqu'il n'y a pas de décision optimale, le politique et le fonctionnaire auront tendance à élaborer des fonctions objectifs qui leur sont propres, correspondant à l'expression de leurs préférences personnelles : être réélu, accroître son pouvoir bureaucratique. Lorsque l'on transpose cette théorie aux entreprises publiques, on en déduit qu'elles ne devraient logiquement pas être plus efficaces que le marché : le système de récompenses et sanctions appliqué au personnel politique et aux fonctionnaires n'est pas en rapport avec l'efficacité des projets économiques dont ils ont la responsabilité. Ce qui entraîne une forte probabilité de dysfonctionnements dans les projets publics.

Les exemples sont nombreux d'entreprises publiques peu efficaces. Une étude économétrique conduite par Borcherding (1982), par exemple, portant sur une cinquantaine de firmes, dans cinq pays, conclut à la supériorité de la solution privée, de trois points de vue :

- efficacité dynamique (adoption plus rapide de technologies et produits nouveaux) ;
- efficacité technologique (choix des meilleures technologies disponibles) ;
- efficacité X (aptitude à accroître la productivité par amélioration de l'organisation productive et la motivation des travailleurs).

Il est certain que dans les pays où les règles de gouvernance qui président aux relations entre pouvoir politique et entreprises publiques ne sont pas clairement établies, les résultats des firmes sont mauvais. C'est la conclusion apportée par Irwin et Yamamoto (2004) quant à la piètre efficacité d'entreprises électriques publiques dans les pays en développement : les hommes politiques n'y utilisent pas leur pouvoir pour améliorer l'efficacité de ces firmes mais pour servir leur électorat et leurs amis. Il n'est pas établi pour autant que dans un tel environnement, une entreprise privée soit plus efficace, échappe aux contraintes du pouvoir politique : en 1998, Hydro Québec entre dans le capital de l'entreprise électrique Sénélec, au Sénégal ; elle s'en retire deux ans plus tard, se voyant impuissante à s'isoler des pressions politiques.

À côté de ces premiers exemples, on trouve aussi, bien sûr, des entreprises publiques efficaces : Joseph Stiglitz (2000), économiste en chef de la Banque mondiale, constate que les deux compagnies canadiennes de chemin de fer CNR (publique) et CPR (privée) ont la même efficacité ; il cite par ailleurs EDF-GDF comme une entreprise publique en monopole particulièrement efficace. Plus généralement, on ne peut qu'admettre que les entreprises publiques ont constitué un formidable moteur de la croissance économique pendant les Trente Glorieuses, qu'elles ont été source de progrès technique, de progrès social, de gains de productivité, sous la houlette des grands commis de l'État. L'ardente obligation de la planification indicative dans le cadre de laquelle elles opéraient s'est avérée être une gouvernance très efficace en son temps.

En tout état de cause, accumuler des exemples dans un sens ou dans l'autre ne saurait remplacer une démonstration. Celle-ci consisterait à comparer, toutes choses égales par ailleurs, l'efficacité d'une firme privée et d'une firme publique ; mais le « toutes choses égales par ailleurs » existe rarement dans la réalité économique. Quoi qu'il en soit, ces mises en doute de l'efficacité économique de l'État vont contribuer à asseoir le nouveau paradigme qui induit, à partir des années soixante-dix, un nouvel agencement des industries de réseau.

Conclusion

Le monopole public régulé a fonctionné pendant plus d'un siècle à l'échelle locale, pendant plus d'un demi-siècle à l'échelle nationale, sans que des faiblesses majeures puissent être attribuées à son seul statut public. *L'économie du bien-être* permettait de comprendre pourquoi et comment l'État devait intervenir dans les industries de réseau. Cependant, des mutations profondes dans les conditions de fonctionnement de l'économie dans son ensemble prennent place dans les années soixante-dix et quatre-vingt, une nouvelle vision du monde tend à s'imposer, qui poussent à modifier l'agencement passé, à introduire la concurrence dans les industries de réseau. Pour l'économiste, de nouveaux corpus théoriques autorisent à penser différemment l'organisation de ces secteurs.

Deuxième partie

Le nouveau paradigme : l'ouverture à une concurrence régulée

La crise pétrolière de 1973 met fin aux trente années de vive croissance qui ont suivi les destructions de la Seconde Guerre mondiale, révèle et amplifie les trois déséquilibres macroéconomiques majeurs qui se sont progressivement insinués (inflation, chômage, déficits publics) et met en doute l'efficacité et la légitimité de l'intervention directe des pouvoirs publics dans l'économie.

Pour ce qui est des réseaux, les circonstances qui ont permis la mise en place de leur ancienne architecture ne correspondent plus à l'environnement dans lequel ils fonctionnent désormais, ce qui appelle de nouvelles structures.

L'entreprise publique a montré son efficacité dans une économie de pénurie mais pourrait être moins bien adaptée à une économie plus riche, où les besoins à satisfaire ne correspondent plus à des demandes de masse mais à des demandes de renouvellement, de différenciation. Les firmes privées adaptent leurs structures pour mieux répondre à cette demande différente, les entreprises publiques doivent pouvoir le faire également.

À l'échelle locale, les techniques et normes nouvelles (relatives à la protection de l'environnement en particulier) sont intensives en capital, investissements qui dépassent bien souvent les capacités financières des collectivités locales.

Le capital public avait permis de financer les énormes investissements réclamés par la mise en place des réseaux nationaux. Mais lorsque l'entreprise publique cherche à sortir de son espace national, son statut constitue un obstacle à des alliances avec des firmes privées (les actionnaires de Volvo ont refusé l'union avec Renault, arguant qu'ils perdraient tout pouvoir s'ils acceptaient de s'associer à l'État français). Or, la *dimension des marchés* passe à une échelle plus vaste : l'Europe, le monde. Les entreprises publiques sont prisonnières d'un statut qui restreint leur domaine de compétence, contrairement aux firmes privées.

La maturité des marchés incite généralement les firmes à se dissocier verticalement afin de mettre en concurrence leurs fournisseurs, afin de gagner en productivité par externalisation et délocalisation éventuelles de certaines de leurs activités. La structure plus rigide des entreprises publiques ne les autorise pas à épouser cette stratégie avec autant de souplesse.

L'évolution des techniques fait que la spécialisation d'une entreprise publique sur une seule activité n'est plus toujours pertinente. Les producteurs de gaz, par exemple, sont bien placés pour produire de l'électricité dans des centrales à cycle combiné : or, EDF et GDF ne peuvent entrer en concurrence. Ou encore : les câbles de cuivre permettent désormais d'utiliser le même réseau pour transporter aussi bien de l'électricité que des signaux voix, des informations ou des programmes de télévision et de radio ; quelle entreprise doit gérer ces réseaux : EDF, France Telecom, France Télévisions ? Par ailleurs, certaines *techniques nouvelles* peuvent être mises en œuvre de manière concurrentielle par des entreprises de *petite taille* (production d'électricité dans des centrales à cycle combiné, par exemple) mais sont écartées car inadaptées aux grandes entreprises.

Bref, le cadre législatif qui a cerné les compétences des entreprises publiques est dépassé et doit de toute façon être modifié pour que les firmes s'adaptent au nouvel environnement. De fait, la transformation sera radicale sous la *forte impulsion libérale* qui remet en cause l'intervention économique directe de l'État : il n'a pas su prévenir la crise économique des années soixante-dix, il n'a pas su limiter la montée des inégalités sociales et du chômage, les politiques économiques ne parviennent pas à relancer l'économie ; plus largement, une sociologie et une philosophie libérales de l'organisation des sociétés humaines tendent à supplanter la vision interventionniste qui prévalait au milieu du XXe siècle. L'État modeste est désormais bien souvent préféré à l'État providence.

D'un point de vue de la théorie économique, des contributions nouvelles convergent pour forger le nouveau paradigme sous lequel les industries de réseau vont être organisées. Certaines de ces avancées tendent à *banaliser les industries de réseau*. Elles s'attachent à montrer que même si les économies d'échelle mènent au monopole, il n'y a pas de raisons de confier ce monopole à l'État puisqu'il est toujours possible d'organiser une concurrence potentielle (marchés contestables) ou une concurrence de substituts. D'autres remettent en cause le principe des externalités, affirmant qu'elles reposent simplement sur une définition imprécise des droits de propriété et non sur un phénomène réel. D'autres enfin considèrent que la régulation des industries de réseau est imparfaite puisque le régulateur, même s'il est indépendant de l'État et de ses probables dysfonctionnements, peut agir selon les intérêts du régulé et s'avérer de ce fait moins efficace que le marché. Ces convictions convergent vers une perception ultralibérale : les industries de réseau, comme toutes autres, devraient être laissées au jeu de la concurrence pour fonctionner efficacement. De telles avancées paraissent toutefois quelque peu excessives et le nouveau modèle de fonctionnement adopté pour les industries de réseau se résumera en moins de monopole public et plus de régulation. De fait, c'est le modèle nord américain traditionnel d'architecture des réseaux qui devient la nouvelle norme.

Ce qui est attendu du nouveau paradigme : l'organisation de la concurrence et sa surveillance devraient entraîner *une baisse des coûts de production, une disparition des éventuelles rentes, une amélioration de la qualité de l'offre, une stimulation du changement technique*, mutations qui dans leur ensemble devraient conférer une meilleure compétitivité par les prix et hors prix à des secteurs d'activité qui jusque-là étaient isolés de la concurrence, partant, une meilleure compétitivité de l'ensemble des économies dans lesquelles ils sont intégrés, une plus grande richesse à partager. Les changements institutionnels sont effectivement adoptés, mais pour l'instant, il est sans doute encore bien tôt pour en établir le diagnostic.

Chapitre I

La concurrence organisée et régulée par les pouvoirs publics

Des apports nouveaux de la théorie économique permettent de comprendre et admettre qu'une organisation institutionnelle différente du monopole public verticalement intégré est susceptible d'être mise en place efficacement dans les industries de réseau : *l'économie industrielle* et *l'économie néo-institutionnelle* rassemblent ces contributions. Certaines avancées tendent à banaliser les industries de réseau, montrant que leurs spécificités ne sont que supposées. D'autres, moins radicales, exposent simplement que l'ancienne structure des industries de réseau donnait trop d'importance à l'État, que la régulation par une agence indépendante peut très bien remplacer certaines des interventions directes des pouvoirs publics ; elles apparaissent comme un compromis admissible entre l'ancien modèle et un libéralisme total, leurs propositions seront appliquées.

La concurrence organisée et régulée : approche théorique

Des productions récentes de la théorie économique analysent avec plus de justesse le processus de concurrence (*économie industrielle*) et permettent d'apprécier plus précisément la manière dont une concurrence efficace peut être instituée (*économie néo-institutionnelle*).

La concurrence : les apports de l'économie industrielle

L'économie industrielle est un des corpus théoriques qui soutiennent le nouveau paradigme. Dans ce nouveau cadre, la concurrence n'est plus considérée comme dépendant du nombre d'acteurs en présence et les entreprises sont désormais douées de stratégies.

En 1933, Edouard Chamberlin constate que dans certaines industries concentrées, les firmes se conduisent comme en situation de monopole alors que dans d'autres où le nombre d'offreurs est également faible, la concurrence règne. Il explique ce constat empirique par l'absence ou la *présence de substituts* aux biens et services offerts : en l'absence de substituts, l'oligopole pourra élever les prix, mais s'il existe des substituts, les firmes de l'oligopole pratiqueront des prix de concurrence, à défaut de quoi leurs clients se détourneraient vers les produits de remplacement.

En 1956, Joe Bain effectue le même constat empirique que Chamberlin et trouve une explication alternative. Lorsque des obstacles s'opposent à ce que de nouveaux concurrents viennent s'installer dans une industrie concentrée, l'oligopole peut se comporter comme un monopole. En l'absence de ces *barrières à l'entrée* (que l'on définit comme des *avantages dont bénéficient les firmes en place, avantages que ne peuvent partager les nouveaux entrants*), la menace constituée par ces nouveaux entrants oblige les firmes en place à se comporter comme en situation de concurrence.

En 1982, William Baumol prolonge la logique du raisonnement de Bain et forge le concept de *marché contestable : est qualifiée de contestable une industrie où il existe ni barrière à l'entrée, ni barrière à la sortie* (on qualifie de barrière à la sortie une situation telle qu'une firme a plus à perdre en quittant une industrie qu'en y restant) ; ces barrières sont constituées par des coûts irrécupérables (*sunk costs*). Un marché contestable est affecté par une *concurrence potentielle* à défaut d'être effective : même en cas de monopole, si le marché est contestable, la firme installée devra laisser place à tout concurrent éventuel plus efficace qu'elle.

Une synthèse de ces différents apports est réalisée par Michael Porter (1982) qui modernise *la chaîne de raisonnement de l'économie industrielle* (graphique 1).

Graphique 1. La chaîne de raisonnement de l'économie industrielle.

Conditions de base →	Structures →	Stratégies génériques →	Performances
– offre ; – demande ; – cadre institutionnel.	Intensité des forces concurrentielles : – concurrence ; – menace de substituts ; – menace d'entrants potentiels ; – pouvoir des clients ; – pouvoir des fournisseurs.	– domination par les coûts ; – différentiation du produit ; – focalisation.	– du point de vue de l'offre ; – du point de vue de la demande ; – du point de vue de l'économie dans son ensemble.

Source : d'après Angelier J.-P. (2002).

Une industrie est caractérisée par des *conditions de base* distinctives (particularités de l'offre, de la demande, de l'environnement institutionnel). Ces spécificités influent sur les *structures* de l'industrie analysées comme le degré d'*intensité de cinq forces concurrentielles* : concurrence entre firmes en place, menace de substituts, menace d'entrants potentiels, pouvoir de négociation des clients, pouvoir de négociation des fournisseurs. Les firmes, en fonction des forces et faiblesses qui leur sont propres, mettent en œuvre des *stratégies* destinées à s'isoler du jeu des forces concurrentielles (*trois grandes stratégies* génériques sont distinguées : domination par les coûts, différenciation du produit, focalisation sur un segment du marché). Si les stratégies sont efficaces, les *performances* des firmes sont bonnes (rentabilité, productivité, compétitivité, autonomie financière) ; encore convient-il d'apprécier également les performances du point de vue des consommateurs (satisfaction de la demande en termes de prix et de qualité) et de l'économie dans son ensemble (contribution de l'industrie considérée aux grands équilibres économiques et sociaux).

Ce nouveau corpus théorique apporte plusieurs enseignements. Tout d'abord, il définit *la concurrence* comme *l'intensité de l'interdépendance qui lie les acteurs ; elle est vive si, lorsque l'un des offreurs cherche à améliorer son positionnement sur le marché, cela entraîne une réaction de la part des autres agents qui tentent de s'opposer à cette amélioration.* La concurrence est un processus contingent. Ce cadre théorique établit aussi que la concurrence ne dépend pas du nombre d'acteurs en présence mais de l'intensité des cinq forces concurrentielles ; par exemple, même si les économies d'échelle et la taille du marché conduisent au monopole naturel, il n'est pas nécessaire que le monopole soit public pour être efficace puisque la concurrence peut s'exercer autrement que par la présence effective d'autres offreurs : menace d'entrants potentiels ou menace de substituts en particulier. Autre enseignement encore : la concurrence n'est pas un état stable mais un processus, les agents économiques impliqués dans une industrie cherchant à mettre en œuvre des stratégies qui les isolent du jeu de la concurrence, qui les placent en situation de quasi-monopole de fait (ce qui sera dommageable pour les consommateurs).

Ainsi, en ce qui concerne les réseaux, l'économie industrielle nous dit que si les économies d'échelle mènent au monopole, on peut très bien maintenir cet acteur dominant et organiser une concurrence potentielle ou de substituts afin de rendre le monopole efficace ; par ailleurs, il convient de surveiller le processus de concurrence, de mettre en œuvre une régulation destinée à orienter les stratégies des firmes uniquement vers ce qui est socialement souhaité.

La concurrence : les apports de l'économie néo-institutionnelle

L'économie néo-institutionnelle élargit l'analyse initiale de Ronald Coase à l'organisation de l'ensemble des transactions économiques possibles. Dans le cadre de ce courant, une opposition se fait jour entre ceux qui prônent une ouverture totale à la concurrence dans les industries de réseau (les spécificités qui ont amené à les faire gérer par l'État ne correspondraient pas à la réalité, la régulation serait en tout état de cause imparfaite) ; et ceux qui estiment que ces industries sont effectivement spécifiques, qu'il est souhaitable d'y introduire beaucoup plus de concurrence que dans le paradigme traditionnel et qu'il est nécessaire d'établir des contrats pour réguler cette concurrence. C'est le second point de vue qui va l'emporter.

Ronald Coase expose que *l'économie du bien être* admet *a priori* que les coûts de coordination à l'intérieur du secteur public sont nuls et que c'est sur cette supposition que repose la prétendue efficacité supérieure du monopole public ; ce qui n'est pas crédible de son point de vue. Par ailleurs, il remet en question le concept d'externalités (1960), estimant qu'elles existent seulement du fait de l'imperfection des droits de propriété ; si ces droits étaient correctement définis et en l'absence de coûts de transaction, le marché serait capable de prendre en compte les externalités, un marché des droits se constituant de manière efficace sans intervention de l'État.

Une autre contribution est celle de Harold Demsetz (1968) qui propose une solution alternative à la régulation des *utilities*: plutôt que de créer des agences de régulation, il suggère que les concessions soient attribuées par un système d'enchères, ce qui revient à compenser l'absence de *concurrence sur le marché* (monopoles naturels) par une *concurrence pour l'accès au marché.* Les enchères s'élèvent jusqu'à un maximum qui est égal aux bénéfices actualisés attendus de l'obtention de la concession; ainsi, celui qui remporte la concession est celui qui peut payer le plus, celui dont le bénéfice attendu est le plus important, donc l'agent le plus efficient. La mise aux enchères des concessions de service public permet ainsi aux pouvoirs publics de récupérer tout le bénéfice attendu du fonctionnement le plus efficace possible des industries de service public. Aucune autre intervention ne s'impose, il n'y a pas besoin d'agence de régulation.

Dans le courant favorable à une libéralisation totale figure aussi la règle de *la capture du régulateur* énoncée par George Stigler (1971) en prolongement de la théorie du *public choice.* Si une agence de régulation indépendante est mise place dans le but de surveiller les sociétés concessionnaires de service public, il est fort probable qu'elle agisse dans l'intérêt de l'instance qu'elle est chargée de réguler: il est impossible de concevoir un système de gratifications et sanctions pertinentes, d'établir une fonction objectif propre aux membres de cette agence de régulation; en outre, le contrôle démocratique est inefficace du fait de l'asymétrie et de l'imperfection de l'information, tout cela amène logiquement le régulateur à pencher en faveur des intérêts du régulé qui saura, lui, récompenser correctement les services rendus. Il serait donc illusoire de penser qu'une agence de régulation puisse améliorer le fonctionnement des industries de service public: autant laisser faire le marché.

Mais à côté de ces positions favorables à la libre concurrence totale, d'autres contributions sont plus mesurées. Victor Goldberg (1976) réagit à la suggestion de Demsetz en arguant que dans le cas des industries de réseau, la réalité est trop complexe pour être ramenée à une simple question de coût et de prix. Un système d'enchères ne saurait être efficace par comparaison avec *un contrat* bien plus riche de nuances, passé entre la firme privée concessionnaire et l'agence de régulation. C'est aussi la position qu'adopte

Williamson lorsqu'il classe les industries de réseau parmi les organisations hybrides (ni marché, ni firme), cas où *un contrat* doit être passé entre la firme et une agence de régulation.

La théorie de l'agence, dont les bases sont jetées par Jensen et Meckling (1976), permet de préciser les conditions de cette contractualisation. Un contrat de régulation est passé dans un cadre d'incertitude, d'information incomplète et asymétrique, entre une agence de régulation et une firme concessionnaire d'un service public. L'agence est *le principal* (ou donneur d'ordre), la firme concessionnaire est l'*agent* à qui le principal délègue le pouvoir d'accomplir une fonction. L'agent en sait plus que le principal sur ce qu'il est capable de faire et quant aux efforts qu'il peut accomplir pour remplir au mieux la fonction dont il est chargé. Dans ce cadre, le principal devra imaginer un contrat destiné à obliger l'agent à faire ce qu'il attend de lui. Deux écueils sont à éviter :

- *l'antisélection* : le principal ne choisit pas le bon agent (le concessionnaire retenu ne dispose pas des capacités lui permettant de remplir correctement la mission de service public) ;
- *l'aléa moral* : l'agent ne se comporte pas effectivement comme le principal le lui demande (le concessionnaire jouissant du monopole ne réalise pas tous les efforts de compétitivité qu'il pourrait accomplir).

Dans le cadre de la régulation des industries de réseau, la théorie de l'agence aide à trouver la réponse à trois questions particulières :

- comment choisir au mieux les concurrents nouveaux qui vont s'engager dans l'offre de services finals (il s'agit d'éviter l'antisélection) ?
- comment déterminer au mieux les modalités d'accès des tiers (offreurs de services) aux réseaux de transport et de distribution, monopoles publics qui se trouvent isolés du jeu de la concurrence (il s'agit d'éviter l'aléa moral dont pourrait tirer avantage le gestionnaire du réseau) ?
- comment obliger le gestionnaire de réseau de transport ou distribution placé en situation de monopole à réaliser tous les gains de productivité possibles (là encore, il s'agit d'éviter l'aléa moral) ?

C'est dans ce cadre théorique que les contrats de régulation sont imaginés et que la nouvelle architecture des industries de réseau est forgée. Nouvelle ? Pas tant que cela en fait : souvent le législateur avait limité le monopole des entreprises publiques à la seule infrastructure ; des contrats avaient permis de clarifier les relations entre l'État et ses entreprises ; et l'architecture qui s'impose désormais n'est autre que celle qui a progressivement été construite et rodée en Amérique du Nord, à partir du début du XXe siècle.

La nouvelle architecture des industries de réseau

Les transformations introduites dans les industries de réseau sont au nombre de quatre. Tout d'abord, l'offre de services finals est dissociée (*unbundling*) de l'infrastructure de transport et de distribution lorsque c'est possible (c'est le cas à l'échelle nationale mais pas toujours à l'échelle locale). Il apparaît en effet que seule l'infrastructure relève du monopole naturel, l'intégration des deux strates en une seule firme ne se justifiant pas du point de vue de l'efficacité concurrentielle. Les infrastructures de transport et de distribution dissociées sont constituées en monopoles publics. La séparation de l'infrastructure permet d'éviter que l'opérateur historique ne s'arroge un accès privilégié à des réseaux de transport et de distribution qu'il contrôlerait.

La concurrence est introduite (*libéralisation*) dans l'offre de services finals ; son processus devrait améliorer l'efficience de cette strate.

Il est vivement recommandé de *privatiser* l'offre de services finals, de façon à ce que les pouvoirs publics n'aient plus les moyens d'utiliser les industries de réseau à des fins autres que purement économiques.

Enfin, *une agence de régulation* est mise en place. Elle doit être indépendante des pouvoirs publics afin de ne pas être tentée de favoriser soit les infrastructures publiques du réseau, soit l'opérateur historique qui serait resté totalement ou partiellement propriété de l'État. Ses principales fonctions sont au nombre de trois : organiser la concurrence dans l'offre de services finals et en surveiller le jeu ; organiser l'accès aux réseaux de transport et distribution et surveiller leur bon fonctionnement puisqu'ils échappent aux stimuli de la concurrence ; imposer des obligations de service public aux acteurs du réseau et veiller à ce que ces obligations soient effectivement remplies.

Suivant les pays, suivant les industries, ces principes vont être mis en place plus ou moins rapidement, plus ou moins complètement.

L'introduction de la concurrence

L'introduction de la concurrence dans la strate de l'offre de services finals des réseaux pose à l'agence de régulation le problème délicat du choix du nombre et de la qualité des concurrents à mettre en présence : il convient d'arriver à concilier l'efficacité productive relative à la grande taille et les efficacités allocative et redistributive résultant de la concurrence. Faut-il démanteler l'opérateur historique qui est sinon en situation de monopole, du moins en position dominante ? Le démanteler dégraderait l'efficacité productive ; ne pas le faire risquerait d'éliminer tout nouveau concurrent effrayé par les menaces crédibles de dissuasion brandies par l'ancien monopole. Démanteler l'opérateur historique et laisser au marché le soin de trouver par lui-même la bonne structure peut s'avérer bien plus coûteux que l'avantage devant résulter de la configuration nouvelle. Faut-il introduire des concurrents de grande taille capables de lutter à armes égales avec l'opérateur historique, ou bien les firmes de petite taille ont-elles aussi leur place ? La microéconomie apporte des réponses à ces questions.

Graphique 2. Une baisse de prix n'élimine pas nécessairement un concurrent produisant à perte.

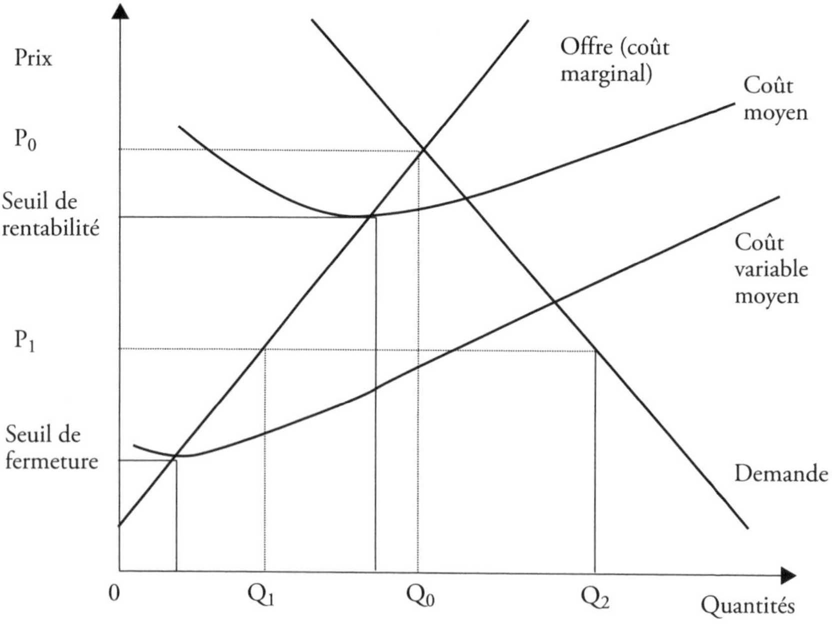

En présence d'économies d'échelle, une nouvelle firme (de grande taille pour qu'elle soit compétitive) s'installe sur le marché en apportant une offre additionnelle consistante, ce qui entraîne une forte réduction du prix (graphique 2 : le prix passe de P_0 à P_1, la quantité offerte par la nouvelle firme est Q_2-Q_1, l'offre de la firme initialement installée est réduite de OQ_0 à OQ_1). Toutefois, même si le nouveau prix de marché est inférieur au coût moyen de la firme la moins efficace (elle produit alors à perte), cette dernière réduit son offre mais ne se retire pas de l'industrie tant que le prix reste supérieur à son seuil de fermeture (en restant, elle récupère une partie des coûts fixes alors qu'elle ne récupère rien si elle sort) ; ce seuil de fermeture est bas dans les industries de réseau où les coûts fixes sont importants et constituent une barrière à la sortie. À terme, l'entrée d'une ou plusieurs grandes firmes aux côtés de l'opérateur historique menace de fragiliser l'ensemble de l'industrie, toutes les firmes risquant de faire faillite, les barrières à la sortie poussant à une concurrence destructrice. Ainsi, lorsque le marché est en maturité, en l'absence de technologies nouvelles, il conviendrait d'éviter de laisser entrer de nouveaux concurrents de grande taille sur des marchés par nature non contestables. L'ouverture à la concurrence dans les transports aériens illustre bien le danger : la concurrence a occasionné une baisse des prix qui en quelques années a entraîné un grand nombre de faillites (Sabena, Swissair, Panam, Braniff, Air Afrique, Air Littoral ; United Airlines, Alitalia, Iberia sont actuellement dans une situation critique) et de rachats (TWA par American Airlines, Varig par Iberia, KLM, Air Inter, UTA par Air France). Cette modalité d'introduction de la concurrence ne semble pas la plus souhaitable, du moins pas dans tous les cas.

On sait par ailleurs que sur un marché donné, des grandes firmes de tailles similaires, en petit nombre, ont tendance si ce n'est à adopter des pratiques collusoires, du moins à ne pas se concurrencer. Une telle structure devrait donc être évitée également.

Une possibilité d'introduction de la concurrence consiste à maintenir l'opérateur historique en place sans le fragmenter (pour ne pas perdre en efficacité productive) et à installer à côté de lui quelques petites firmes. Du fait de leur moindre taille, elles sont sans doute moins efficientes mais la concurrence ainsi enclenchée inciterait aussi bien les petits entrants que l'ancien monopole à réaliser des gains de productivité, comme le montre le *modèle de la firme dominante*.

Graphique 3. Incitation à des gains de productivité pour la firme dominante.

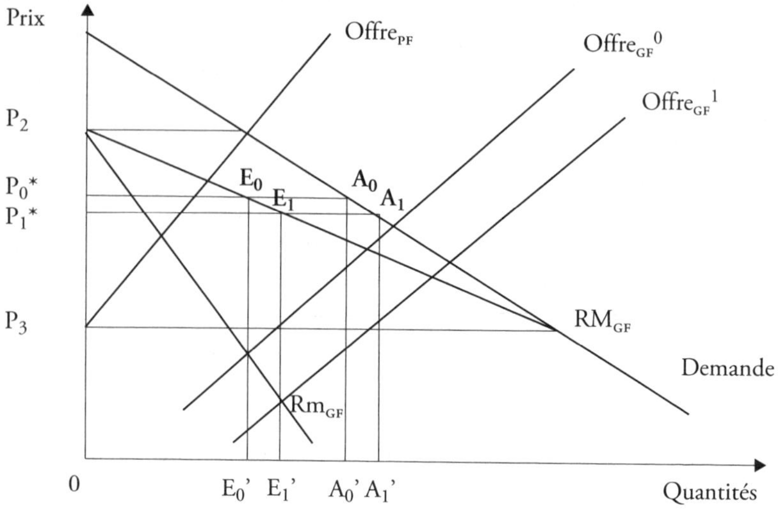

Ce modèle, tel que présenté par Gauthier et Leroux (1988), s'énonce ainsi. Une grande firme détient la plus grosse part d'un marché et a le pouvoir de déterminer le prix, des petites firmes complétant l'offre (graphique 3). Si la grande firme baisse le prix, elle peut éliminer totalement les petits concurrents (prix P_3) ; en revanche, si le prix de marché s'élève, les petites firmes peuvent satisfaire toute la demande (prix P_2). La fonction de recette moyenne de la grande firme est comprise entre ces deux extrêmes (droite P_2 RM_{GF}), elle correspond à la fonction de demande adressée à la grande firme. Cette dernière détermine son offre comme le fait le monopole, en produisant une quantité telle que son profit est maximum, telle que la recette marginale est égale au coût marginal (quantité OE_0'). Le prix de marché correspondant à cette offre est P_0*. Les parts de marché respectives sont alors de OE_0' pour la grande firme et de (OA_0' – OE_0') pour les petites firmes. Dans cette situation, la grande firme a intérêt à faire des efforts de productivité : cela se traduit par un déplacement vers le bas de sa fonction de coût marginal, qui passe de $Offre_{GF}^{0}$ à $Offre_{GF}^{1}$. Les quantités produites par la grande firme deviennent alors OE_1', le nouveau prix de marché P_1* ;

la part de marché de la grande firme a augmenté (OE_1'), celle des petites firmes s'est contractée (OA_1' – OE_1'). L'agence de régulation veillant toutefois à ce que la petite firme ne soit pas éliminée.

Encadré 3. Le processus de transformation institutionnelle des industries de réseau dans l'Union européenne.

Les transformations institutionnelles qui prennent place dans les industries de réseaux des pays membres de l'Union européenne trouvent essentiellement leur source dans une démarche organisée par Bruxelles. L'origine des changements n'est pas à l'initiative de la Commission des Communautés européennes qui sert uniquement de relais aux différents groupes de pression : constructeurs, consommateurs, offreurs de services. La démarche est la suivante.

– Publication d'un *Livre Vert* par la Commission des Communautés européennes : les grandes idées sur ce que pourrait être la concurrence, ses bénéfices et les risques qu'elle implique, sont rendues publiques par différents groupes de pression (lobbies).

– Vient ensuite la rédaction d'un *Livre Blanc* dans lequel sont énoncées les règles précises à mettre en œuvre pour que joue effectivement une concurrence efficace dans une industrie donnée.

– La Commission émet alors une *Directive européenne* (votée par le Conseil européen des ministres) : obligation est faite aux États membres d'effectuer avant une date déterminée telle ou telle transformation, chacun étant libre pour cela d'adopter les moyens qu'il souhaite, mais avec obligation de résultat, sous peine de sanctions.

– Enfin, une *transposition de la Directive européenne dans le droit national* de chacun des États membres est adoptée.

Dans le cadre européen, les transformations institutionnelles des réseaux ne passent pas systématiquement par ces quatre étapes ; mais les directives sont toujours présentes, qui garantissent que l'organisation de la concurrence dans les industries de réseau sera homogène pour l'ensemble des États membres (y compris chez les douze derniers entrants de 2004 et 2007) et que l'espace concurrentiel sera bien à l'échelle de l'Union. Ce processus institutionnel atypique (les décisions ne sont pas prises par un État-nation) cherche, par les nombreux allers-retours organisés entre les différentes parties prenantes aux réformes, à déboucher sur un consensus.

De manière similaire (graphique 4), la concurrence incite également les petites firmes à réaliser des gains de productivité. Lorsqu'elles le font, leur fonction d'offre passe de $Offre_{PF}^0$ à $Offre_{PF}^1$, le prix d'équilibre sur le marché baissant de P_0^* à P_1^*, leur part de marché augmente de (OA_0' – OE_0') à (OA_1' – OE_1').

Graphique 4. Incitation à des gains de productivité pour les petites firmes.

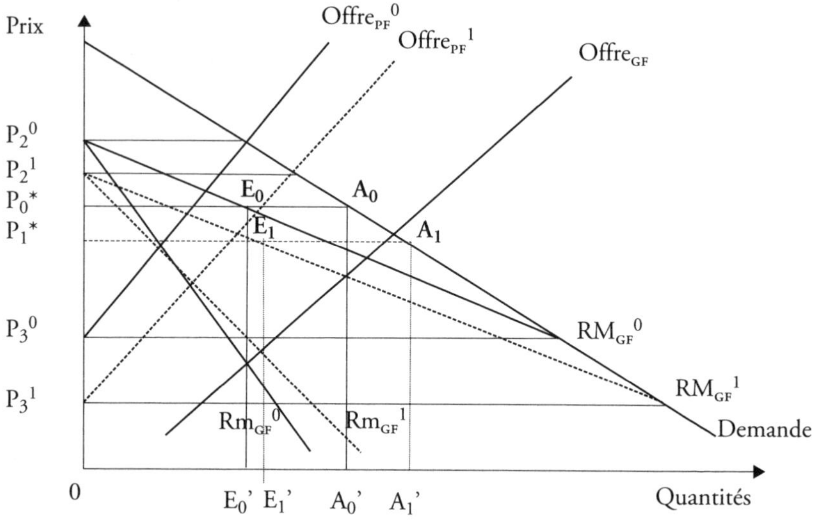

Dans ces deux cas, du fait de la concurrence, les coûts de production diminuent (meilleure efficacité productive) et la demande est mieux satisfaite en termes de prix et de volume (meilleure efficacité allocative). Cette structure de marché a par exemple été adoptée dans les télécommunications britanniques où la petite firme Mercury est introduite et défendue par le régulateur Oftel à côté de l'ancien monopole public British Telecom. En cas de maturité du marché, de stabilité des techniques, il peut être judicieux de retenir cette configuration.

Reste à déterminer quelle procédure adopter pour organiser le nouvel agencement, sachant que l'écueil à éviter est l'antisélection. L'agence de régulation chargée de la tâche peut agir de deux manières. Elle peut tout d'abord *organiser des enchères*: les firmes intéressées montent les enchères au prorata de leur efficacité, la plus efficiente proposant le prix le plus élevé. Des enchères ont été lancées aux États-Unis dans les années quatre-vingt pour l'attribution des premières licences de téléphonie mobile, au Royaume-Uni, en Allemagne, Autriche, Italie, Belgique, pour les licences UMTS de troisième génération. Mais le prix payé pour l'attribution d'une licence peut être très élevé, ce qui peut priver le lauréat des capacités financières dont il a besoin pour exploiter son nouveau marché.

Il est aussi possible d'organiser *un concours de beauté*: l'entrée sur le marché relève alors d'une décision administrative; l'autorisation est vendue uniquement aux entreprises qui remplissent un certain nombre de conditions technico-économiques précises qui assurent l'agence de leurs compétences. Cette modalité a été adoptée en Espagne, Suède, Norvège, Irlande, pour l'attribution des licences UMTS. En France, sur ce principe, une note sur 500 points a été attribuée aux candidats, sur la base de 14 critères technico-économiques; Orange et SFR ont été acceptées en 2001, Bouygues Telecom a dû améliorer son positionnement avant d'être admise à son tour en 2002. Cette procédure a permis en particulier d'éviter d'attribuer les licences aux géants anglo-saxons. Elle autorise aussi une certaine souplesse: une fois obtenues les licences, leur prix d'achat a pu être négocié à la baisse, ce qui aurait été plus difficilement envisageable avec le système d'enchères (Orange avait accepté de payer 5 milliards d'euros, elle en a payé 650 millions). Mais cette souplesse n'est-elle pas critiquable?

La question des privatisations

Dans une entreprise publique, le capital et donc le contrôle appartiennent à l'État. La *privatisation* consiste à vendre partiellement ou totalement les participations de l'État à des intérêts privés. On parle aussi *d'ouverture du capital* pour désigner ce processus. Est-il indispensable de privatiser les entreprises publiques pour que joue la concurrence? Non.

La privatisation peut être un choix politique: c'est celui qu'a effectué Mme Thatcher en Grande-Bretagne dans les années soixante-dix et quatre-vingt, estimant qu'il était indispensable de supprimer l'intervention directe de l'État (et d'affaiblir le plus possible les syndicats) pour relancer l'économie britannique. Dans les pays en développement ou dans les pays de l'ancienne Union soviétique, bien souvent le choix n'est pas laissé, les bailleurs de fonds tels que la Banque mondiale ou le Fonds monétaire international conditionnant l'octroi de prêts à une privatisation préalable des entreprises publiques ; il est vrai que dans ces pays, la gouvernance en vigueur isole mal les entreprises publiques du pouvoir politique, ce qui peut les rendre inefficaces ; par ailleurs, la privatisation ouvre la possibilité de lever et injecter des capitaux privés nationaux ou étrangers dans ces économies souvent dépourvues de capacités financières. Dans d'autres pays encore (en France, en Italie, en Autriche, en Espagne par exemple), les privatisations sont présentées comme répondant plus à une logique financière qu'à la recherche d'une efficacité supérieure de ces entreprises : vendre une partie du patrimoine de l'État permet de rembourser les créanciers et de réduire la dette publique.

En France, l'ouverture du capital des industries de réseau à l'échelle locale est très large, facilitée par le processus de décentralisation. La loi du 7 juillet 1983 et la loi Sapin du 29 janvier 1993 (elle fixe les modalités d'attribution des délégations de service public) transforment les régies en Sociétés anonymes d'économie mixte locales : 49 % du capital peuvent être offerts au privé (avec un minimum de 15 %), les collectivités territoriales conservant une part d'au moins 51 %. Un contrat différent de la concession est mis en œuvre dans ce cadre législatif nouveau, le partenariat public privé, présenté comme avantageux pour les collectivités locales : elles bénéficient d'un apport financier extérieur important, d'un savoir-faire expérimenté amené par leur partenaire privé dans les domaines techniques et de gestion ; et les élus jouissent d'une plus grande protection en matière pénale. Un très grand nombre de services publics locaux sont ainsi partiellement privatisés : distribution d'eau, de gaz, d'électricité, parkings, espaces verts, ports, aéroports, autoroutes ; seuls les transports publics semblent échapper au mouvement (cf. tableau 1).

Tableau 1. Quelques entreprises locales de service public.

Raison sociale	Actionnariat	Activités
Gaz Électricité de Grenoble (GEG)	Ville de Grenoble : 50 % Elyo (Suez) : 38 % EDEV (EDF) : 4,3 % COGAC (GDF) : 4,3 %	– distribution de gaz, électricité, chaleur, gaz naturel pour véhicules (GNV) – production d'électricité (20 % de la demande de la ville) – exploitation et entretien de l'éclairage public
Transports en commun de l'agglomération lyonnaise (TCL)	SYTRAL (Syndicat mixte des transports pour le Rhône et l'agglomération lyonnaise)	Confie à Keolis-Lyon (filiale SNCF 45 %, Axa et Caisse de Dépôt et Placement du Québec 55 %) la gestion du réseau TCL dans le cadre d'une délégation de service public
Eau de Paris	Ville de Paris : 70 % Générale des Eaux (Veolia) : 14 % Lyonnaise des Eaux (Suez) : 14 %	– produit et transporte l'eau potable – est responsable de la qualité du service jusqu'aux réservoirs parisiens – la distribution de l'eau des réservoirs jusqu'aux compteurs d'immeubles est assurée par Eau et Force – Parisienne des Eaux (rive gauche), et par la Compagnie des Eaux de Paris (rive droite)

Sources : Rapports annuels des entreprises concernées, disponibles sur Internet.

Le capital des grands monopoles publics nationaux est lui aussi ouvert aux capitaux privés, mais plus lentement, avec des précautions certaines (France Telecom, Air France, EDF, GDF) : il ne faudrait pas que les fleurons de l'économie nationale passent sous le contrôle de capitaux étrangers, de fonds de pension anglo-saxons qui leur imposeraient une dynamique essentiellement financière.

Les modalités d'accès à l'infrastructure

À partir du moment où l'agence de régulation a institué l'infrastructure de transport et de distribution en monopoles publics, elle organise les relations entre ce monopole et les offreurs de services finals qui doivent les utiliser pour livrer leurs services aux usagers. Il convient de déterminer le prix qui sera acquitté par l'utilisateur (prix d'*accès des tiers au réseau*) en évitant l'aléa moral. Le tarif fixé doit être suffisamment élevé pour permettre au gestionnaire du réseau de couvrir les coûts de fonctionnement et de maintenance, d'amortir les investissements passés et d'engager les investissements de modernisation et d'extension ; à défaut de quoi le réseau se dégraderait. Le tarif ne doit cependant pas être trop élevé, ce qui entraînerait une *forclusion* (interdiction d'entrée de fait) ou inciterait certains usagers potentiels à construire leur propre réseau (stratégie de contournement ou *bypass*) et constituerait un gaspillage de ressources. Jacques Percebois (2001) montre que le prix de *l'accès des tiers au réseau* (ATR) doit être compris entre deux bornes : le *coût incrémental moyen* (coût variable plus une partie des coûts fixes) et le coût d'une fourniture isolée (coût du contournement), sachant que l'éventail entre les deux est large (son étendue correspond au coût fixe unitaire). Il faut bien concevoir par ailleurs que le gestionnaire du réseau est susceptible d'adopter un comportement opportuniste en déclarant des coûts supérieurs à ceux qu'il engage effectivement ou en n'effectuant pas tous les efforts de compétitivité que l'on pourrait attendre de lui.

Trois modalités différentes d'accès au réseau peuvent être pratiquées, celle qui est retenue limitant l'aléa moral :

- *l'acheteur unique* : le gestionnaire du réseau achète et revend tout ce qui transite par son infrastructure ; il est en situation de domination et risque d'abuser de son pouvoir, cette modalité est donc écartée ;
- *l'accès négocié* : le prix d'accès au réseau est négocié entre le gestionnaire et le tiers ; là encore, le gestionnaire est en situation de domination, ou encore les tiers de petite taille sont désavantagés par rapport aux grands, cette modalité doit donc être écartée également ;
- *l'accès régulé* : l'agence de régulation détermine le prix d'accès au réseau, en fonction des connaissances qu'elle a des capacités du gestionnaire, de sa productivité actuelle, des efforts de productivité qu'il peut vraisemblablement accomplir ; l'agence doit trouver un type de contrat

qui incitera le gestionnaire à la plus grande efficacité, deux procédures contractuelles étant envisageables :

- le prix-plafond (*price cap*) : le prix d'accès au réseau est déterminé sur la base du prix de revient observé ou estimé, un effort progressif de productivité étant imposé à l'opérateur. Le tarif est fixé de la façon suivante : le prix de l'année 1 est égal au prix de l'année 0 affecté d'un coefficient égal à la différence entre l'indice des prix des biens et services relatifs à l'activité considérée et un coefficient X correspondant à l'importance des gains de productivité devant être réalisés et affectés aux usagers. Cette logique rejoint la clause de prix que l'on trouve dans les contrats de plan,
- le coût complet (*cost plus*) : le prix d'accès au réseau correspond au prix de revient plus une marge bénéficiaire rémunérant les capitaux investis (modalité adoptée dans les concessions de service public au début du XXe siècle aux États-Unis).

Les agences de régulation retiennent généralement le principe du prix-plafond qui incite le gestionnaire de l'infrastructure à réaliser des efforts de productivité (une partie seulement des gains de productivité lui est confisquée et est attribuée aux usagers du réseau à travers la baisse des prix, le reste lui est acquis), du moins dans la mesure où les contrats passés entre l'agence et le régulé ne sont pas révisés trop fréquemment (le gestionnaire de réseau se verrait alors dépouillé trop systématiquement des fruits de ses efforts et découragé de les fournir). Le coût complet, pour sa part, tend à être abandonné, car il incite peu à l'effort (l'ensemble des coûts est couvert en toutes circonstances ; c'est une tarification au coût moyen) ; par ailleurs, le coût complet peut pousser le gestionnaire à réaliser des investissements surdimensionnés, à trop les anticiper, puisque sa rémunération propre est basée sur l'importance des capitaux qu'il engage. Cette modalité est pourtant adoptée dans les réseaux qui ont besoin d'être développés : c'est le cas du transport de gaz naturel en Europe, par exemple.

Les autres fonctions de l'agence de régulation

Une fois l'architecture du réseau en place, l'agence de régulation surveille le processus de concurrence afin qu'il soit efficace : le processus, on le sait, mène à une concentration accrue, elle ne doit pas amener de position dominante ; dans le cas de l'infrastructure érigée en monopole, l'agence doit veiller à ce que des efforts de productivité soient effectivement accomplis. Pour ce faire, elle peut par exemple observer la concurrence entre monopoles locaux (téléphonie fixe aux États-Unis, concessionnaires de services des eaux ou de l'éclairage public en France), ou entre monopoles nationaux (comparaison des coûts entre les gestionnaires de réseaux de transport d'électricité des différents pays de l'Union européenne). L'agence pourra aussi entretenir une concurrence à la marge afin d'observer si l'opérateur historique toujours dominant réalise bien des efforts de même ampleur que les petits concurrents qui se mesurent à lui, dans la structure de marché la plus fréquente : France Telecom détient 80 % du marché des appels locaux fixes et 70 % des autres appels fixes, EDF fournit 85 % du marché électrique.

L'agence de régulation doit veiller à ce que les firmes en place ne pratiquent pas de subventions croisées (la tarification serait inefficace, les usagers captifs subventionnant les autres), ne réalisent pas d'écrémage du marché (ne s'intéressent qu'aux zones rentables), n'adoptent pas de pratiques collusoires (en juillet 2006, l'ARCEP révèle que les opérateurs de téléphonie mobile se sont partagés le marché français). Elle doit veiller à ce que la concurrence n'entraîne pas une baisse de la qualité des services offerts (moindres capacités de sécurité dans la production et le transport d'électricité, maintenance insuffisante des voies ferrées).

L'agence de régulation doit aussi veiller à ce que les missions de service public soient effectivement respectées et leur charge équitablement répartie entre les différents concurrents. En France par exemple, EDF est obligée d'acheter à un prix administré toute l'électricité verte (d'origine renouvelable ou de cogénération) qui lui est proposée ; d'effectuer une péréquation des tarifs sur l'ensemble du territoire (y compris les zones non interconnectées que sont les îles bretonnes, la Corse et les départements d'outre-mer où l'électricité est produite à un coût élevé) ; de concéder des conditions de facturation favorables aux ménages en situation économique précaire. Les surcoûts entraînés par le respect de ces obligations sont mesurés par l'agence de régulation (la CRE) et répartis entre tous les consommateurs qui acquittent la contribution au service public de l'électricité (CSPE), soit 4,50 euros par MWh en 2006, ligne comptable séparée dans les factures.

Ou encore, France Telecom est tenue de contribuer à l'aménagement du territoire en installant des lignes partout où nécessaire ; elle doit pratiquer des tarifs équitables ; elle doit maintenir un réseau de cabines téléphoniques.

Conclusion

La nouvelle structure des industries de réseau se précise progressivement. Il apparaît bien que l'infrastructure doit rester en monopole, que l'offre des services du réseau peut tout à fait être ouverte à la concurrence entre un grand opérateur historique et de nouveaux entrants de moindre taille. Les attributions de l'agence de régulation apparaissent plus clairement, certaines questions relatives au fonctionnement de la nouvelle concurrence trouvent des réponses, d'autres restent encore posées. Le nouvel agencement générique s'applique toutefois avec des nuances, selon les secteurs, selon les pays. Voyons maintenant comment ces transformations s'opèrent dans les principales industries françaises de réseau.

Chapitre II

La nouvelle dynamique des industries de réseau

Désormais, la concurrence organisée par les pouvoirs publics joue effectivement et les firmes mettent en œuvre des stratégies grâce auxquelles elles espèrent améliorer leur positionnement de marché. Ces stratégies devraient amener de meilleures performances dans les industries de réseau en comparaison avec ce qu'elles étaient sous l'ancienne organisation en monopoles publics verticalement intégrés, devraient bénéficier aux usagers.

En adoptant la démarche de l'économie industrielle, nous allons observer comment se sont transformées les structures de certaines industries de réseau en France, quelles stratégies ont été mises en œuvre par les firmes désormais en concurrence, et voir dans quelle mesure il est déjà possible d'apprécier les performances obtenues dans le cadre de ce nouvel agencement.

Les nouvelles structures des industries de réseau en France

Les préceptes du nouveau paradigme ont été appliqués de manières différentes dans les industries françaises de réseau, en fonction des conditions de base qui les caractérisent. Nous prendrons l'exemple de six industries de réseau pour illustrer ces changements.

Les transports aériens sont la première industrie de réseau à être libéralisée. La composante matérielle de l'infrastructure reste sous monopole (aéroports) mais est privatisée, l'offre de transports aériens étant ouverte à la concurrence ; l'agence de régulation est la Direction générale de l'aviation civile qui attribue les créneaux de décollage et d'atterrissage (les *slots*) aux différentes compagnies. Le nombre de compagnies augmente rapidement dans un premier temps, puis après une phase ruineuse de stratégies de domination par les coûts et de baisse des prix, se stabilise à quelque 250, Air France étant de loin la plus importante ; les compagnies *low cost* (Easy Jet, Ryan Air) et charter (Air Liberté, Cors'Air) sont les nouveaux acteurs de cette concurrence nouvelle, aux côtés des grandes firmes étrangères. Dans cette industrie, la force concurrentielle la plus vive est la *concurrence entre firmes en place*.

La libéralisation de *l'audiovisuel* commence en 1982 par l'autorisation des radios libres, rupture avec le monopole public de la programmation et de la diffusion institué en 1945. En 1986, l'ORTF est scindée entre France Télévisions et Radio France. En 1989, le Conseil supérieur de l'audiovisuel est créé : agence de régulation du secteur, elle attribue les créneaux et fréquences d'émission, veille à éviter brouillage ou chevauchement des diffusions, veille à la moralité du contenu des programmes. Là encore *la concurrence* est la force concurrentielle la plus vive, un grand nombre de nouveaux offreurs s'engageant en apportant leur propre infrastructure. On remarque que dans ces deux industries, les infrastructures sont essentiellement immatérielles, ce qui facilite sans doute l'entrée de nouveaux offreurs et le jeu de la concurrence.

Dans *les transports ferroviaires*, le Réseau Ferré de France est séparé de la SNCF en 1991 pour devenir une entreprise publique autonome chargée de la gestion de l'infrastructure ; les régions sont responsables des transports dans leur aire de compétence, la SNCF conservant les grandes lignes et le fret. Une commission de régulation devrait être constituée (qui prendra alors la relève du Conseil supérieur du service public ferroviaire créé en 1999), chargée d'organiser la concurrence dans le fret, attribuant des *sillons* (lignes et horaires) aux transporteurs alternatifs susceptibles de concurrencer la SNCF. La concurrence n'existe toujours pas dans les faits, les timides tentatives engagées par Connex (filiale de Veolia) pour se mesurer à la SNCF ayant pour l'instant échoué. En revanche, la nouvelle structure permet d'intensifier la compétition intermodale : la loi de 1982 (loi d'orientation des transports intérieurs) cesse de protéger le rail contre les transports routiers, ces derniers étant eux aussi libéralisés et constituent désormais un concurrent effectif direct à la SNCF, un *substitut*.

Dans le domaine des *services postaux*, l'introduction de la concurrence est lente, sans doute du fait du grand nombre de salariés du secteur et du caractère de service public profondément ancré dans la population. Elle commence en 1991 par la suppression de l'administration des PTT, remplacée par deux établissements publics : France Telecom et La Poste. Celle-ci passe sous la régulation d'une agence commune avec les télécommunications (Autorité de régulation des communications électroniques et des postes ou ARCEP) en 2005, du fait des relations complexes de complémentarité et substituabilité unissant ces deux activités. La messagerie (transport express de paquets, service destiné à une clientèle essentiellement professionnelle) est tout d'abord libéralisée, les concurrents de La Poste (Fedex, UPS, DHL) établissant leur propre infrastructure ; puis le transport et la distribution de tout le courrier sont progressivement ouverts à la concurrence, l'ouverture totale étant prévue pour le 1er janvier 2009.

En France, *l'industrie électrique* d'après-guerre n'a pas connu la concurrence. Il s'agit donc de constituer de toutes pièces les nouvelles structures. La Commission de régulation de l'électricité est créée en 2000, devient Commission de régulation de l'énergie pour prendre en charge également l'industrie gazière. Le Réseau de Transport de l'Électricité est constitué en filiale d'EDF, les gestionnaires de réseaux de distribution étant également dissociés. Le capital d'EDF commence à être ouvert en 2005. La libéralisation s'effectue progressivement par la possibilité donnée à des consommateurs industriels (dès 2000) puis domestiques (à partir du 1er juillet 2007) de quitter les tarifs administrés d'EDF (clients dits éligibles) ; parallèlement, des fournisseurs alternatifs (autres que EDF) sont autorisés à approvisionner les clients éligibles. En 2007, on compte 26 fournisseurs alternatifs qui couvrent 15 % de la demande, les deux plus gros d'entre eux étant SHEM (Electrabel) et SNET (E.On). Les transactions se font de gré à gré entre fournisseurs et clients, et aussi par l'intermédiaire d'une bourse électrique, Powernext, qui ne représente encore qu'une toute petite part des échanges. Cette bourse (ou *pool*) est instituée pour favoriser la fluidité des échanges, bourse facultative et non obligatoire, l'idée d'obligation étant abandonnée car le trop petit nombre d'offreurs en présence leur permettrait, même sans collusion, d'augmenter prix et profits en limitant simplement leur offre. La crise électrique californienne de 2000-2001 a montré qu'il valait mieux éviter la bourse obligatoire. Le péage que les tiers doivent acquitter pour emprunter le réseau de transport d'électricité et les réseaux de distribution d'électricité est fixé par la CRE selon le principe du *price cap*. Dans cette industrie, l'objectif visé est d'organiser une véritable *concurrence à l'échelle européenne*, ce qui est possible puisque les échanges d'électricité sont peu sensibles aux distances, dans une certaine limite du moins.

Le processus de libéralisation des *télécommunications* commence en 1991 avec la création de France Telecom puis de l'Autorité de régulation des télécommunications (elle devient ARCEP en 2005). La privatisation de France Telecom débute en 1997 (25 % du capital sont alors offerts au public). En 1998, la libéralisation de la téléphonie fixe et de la téléphonie mobile est effective et totale. Le dégroupage de la boucle locale (processus que l'on peut assimiler à l'ouverture à la concurrence du monopole de distribution locale) commence en 2002 mais ne concerne encore que 3 millions de lignes en 2006. L'infrastructure reste propriété de l'opérateur historique. Cinq opérateurs alternatifs concurrencent France Telecom sur le fixe, trois opérateurs se partagent le marché du mobile, sept fournisseurs d'accès à Internet sont présents. Les opérateurs alternatifs construisent leur propre réseau et utilisent partiellement le réseau de France Telecom (boucle locale).

Dans cette industrie, le jeu de la concurrence est assez complexe du fait des mutations dans les techniques et dans les pratiques des usagers. Les téléphonies fixe et mobile étaient tout d'abord des substituts, le mobile se développant assez facilement du fait qu'il requiert une infrastructure largement immatérielle, relativement moins coûteuse que celle du fixe, les nouveaux opérateurs installant leur propre réseau. Mais ces deux modalités deviennent complémentaires dans la pratique des usagers. Une évolution technique affecte la boucle locale, ce réseau cuivré qui relie un central téléphonique local à chacun des abonnés au fixe ; le dégroupage de la boucle locale est désormais possible, procédé technique permettant de faire circuler en même temps, sur des fréquences différentes, grâce à une technologie haut débit, plusieurs signaux : signaux voix de la téléphonie, signaux données d'Internet (y compris la téléphonie par Internet dite IP), programmes radio et télévision. Le procédé haut débit ADSL (*Asymetric Digital Subscriber Line* ou « raccordement numérique asymétrique ») autorise l'utilisation de la boucle locale par plusieurs offreurs de services, plusieurs corps de métiers autrefois distincts qui sont maintenant en *concurrence* : offreurs de téléphonie fixe et mobile, fournisseurs d'accès à Internet (FAI), offreurs de programmes audiovisuels.

Pour ce qui est de l'accès des tiers au réseau de France Telecom, l'ARCEP fixe une tarification proche du coût marginal : le prix couvre les coûts d'entretien de la boucle locale mais pas l'amortissement des investissements passés ou à venir.

Sur ces différents exemples, il apparaît que l'ouverture à la concurrence prend des formes structurelles différentes selon les réseaux, l'opérateur historique conservant toujours une position largement dominante. Les nouveaux acteurs sont toutefois bien présents dans ces industries et mettent en œuvre des stratégies destinées à les isoler du jeu des forces concurrentielles.

Les stratégies possibles

Si l'on reprend la distinction générique opérée par Michaël Porter, trois stratégies différentes sont susceptibles d'être mises en œuvre par les firmes en fonction des conditions de base et forces concurrentielles caractérisant l'industrie, en fonction des forces et faiblesses de chaque firme : domination par les coûts, différenciation du produit, focalisation. En général, la différenciation est adoptée par les opérateurs historiques, la focalisation par les nouveaux entrants.

Une stratégie de domination par les coûts

Cette stratégie consiste à chercher à réduire les coûts de production pour être en mesure d'abaisser les prix ou d'augmenter le profit. Cette stratégie peut être adoptée efficacement lorsque certaines conditions sont réunies : les économies d'échelle sont importantes, la part de marché de la firme est grande, les firmes en présence sont de natures différentes, le marché est en croissance, la demande est élastique par rapport au prix. Cette stratégie est toutefois dangereuse car les firmes en concurrence risquent d'être entraînées dans une spirale de baisses des coûts et des prix, de dégradation de la rentabilité, sans que la position de l'une ou l'autre se trouve améliorée pour autant.

La microéconomie nous enseigne que lorsqu'un petit nombre de firmes de grande taille sont en concurrence, elles n'ont pas intérêt à modifier les prix, stratégie qui entraînerait une réduction de la rentabilité pour toutes. Si l'une des firmes baisse le prix (graphique 1 : le prix passe de P_0 à P_1) afin d'attirer à elle de nouveaux clients, les concurrents suivent : l'accroissement de la demande induit par la baisse du prix est proportionnellement moindre que l'abaissement du prix, d'où une réduction du chiffre d'affaires et de la rentabilité pour chacune des firmes. Inversement, si une firme décidait d'élever son prix (de P_0 à P_2), les concurrents ne suivraient pas et la firme verrait là encore son chiffre d'affaires diminuer ainsi que sa rentabilité. La demande se révèle ainsi rigide par rapport à un prix qui baisse, élastique par rapport à un prix qui s'élève. Ce modèle est connu sous le nom de *courbe de demande coudée* ou *modèle de Sweezy* et explique pourquoi il est peu probable que la concurrence instaurée entre grandes firmes de tailles similaires entraîne une baisse des prix.

Cette stratégie a toutefois été mise en œuvre dans *les transports routiers de marchandises* ouverts à la concurrence depuis 1982 : la concurrence s'est exercée entre transporteurs français et étrangers, firmes de natures différentes car ces derniers (originaires des pays de l'Est en particulier) disposent d'un avantage en termes de coûts de main-d'œuvre. Cette stratégie a été pratiquée également dans les transports aériens, lors de l'ouverture à la concurrence du fait là aussi de la présence de firmes de natures différentes (grandes et petites, publiques et privées).

Graphique 1. La courbe de demande coudée.

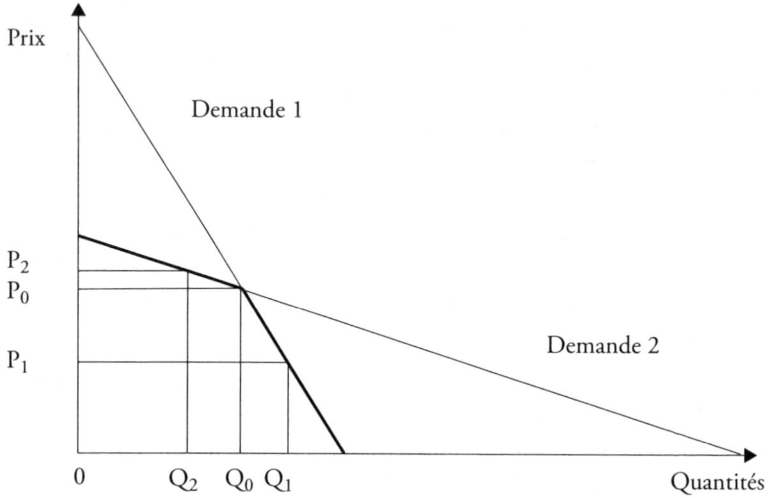

Une stratégie de différenciation du produit

C'est la stratégie la plus fréquemment mise en œuvre lorsque la demande stagne (maturité) et n'est pas particulièrement sensible aux prix, lorsque les économies d'échelle ne sont pas nécessairement importantes. La différenciation consiste pour une firme à persuader le client que son offre est fondamentalement différente de celle des concurrents ; elle s'érige de la sorte en monopole effectif ou subjectif. Les opérateurs historiques adoptent le plus souvent cette stratégie de différenciation (Air France, EDF, GDF, La Poste, France Telecom), même si leur position dominante et leur expérience ancienne leur confèrent un avantage indéniable en termes de coûts : ils préfèrent rappeler leur passé et la confiance que leurs activités anciennes inspirent aux usagers, plutôt que de se risquer à manipuler les prix.

La différenciation peut par ailleurs viser à segmenter la demande en identifiant des groupes de clients homogènes qui recherchent la même qualité d'offre et sont prêts à payer le même prix, groupes que l'on va isoler les uns des autres grâce à des caractéristiques subjectives ou objectives de l'offre. C'est le principe adopté dans les télécommunications où la différenciation passe par une multiplication des forfaits, chaque forfait correspondant à un profil particulier de clientèle, à un rapport qualité/prix distinct. Si la différenciation est habilement construite, elle permet à l'offreur de récupérer une partie du surplus du consommateur. Dans le graphique 2 par exemple, la stratégie de différenciation isole trois types de consommateurs, chacun payant un prix distinct : ce qui permet au producteur d'accroître son surplus de la surface $P_0P_1E_1A_1E_2A_2$.

Graphique 2. Différenciation du produit et récupération du surplus du consommateur.

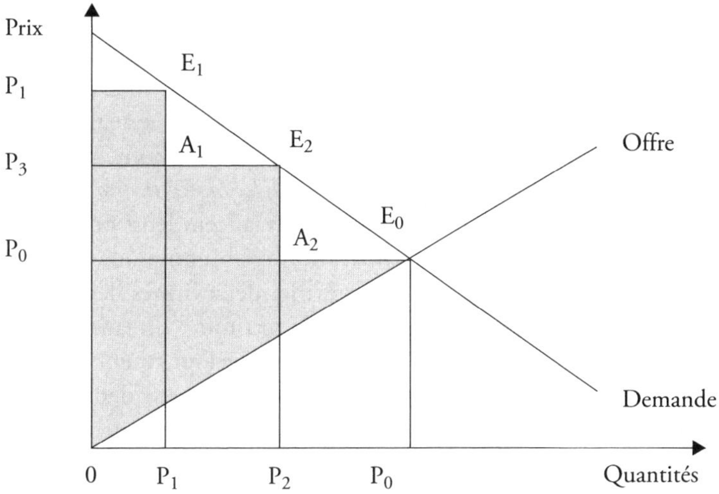

Une stratégie de focalisation

La focalisation consiste pour un offreur à s'adresser à une partie seulement du marché effectif ou potentiel en y pratiquant soit une stratégie de coût, soit une stratégie de différenciation. Elle est souvent adoptée par les petites firmes, incapables de suivre les plus grandes dans une stratégie couvrant l'ensemble du marché. Elle est mise en œuvre dans l'audiovisuel public (France Culture, France Musique, Arte), dans les transports aériens (les petites compagnies aériennes occupent les créneaux laissés libres par les grandes). Elle est généralement pratiquée au cours de la phase de lancement d'un produit ou service nouveau : une clientèle à fort pouvoir d'achat est tout d'abord visée, dont la consommation permet d'amortir les frais de recherche, développement et autres frais de lancement ; si le produit ou service nouveau arrive à s'imposer, il sera possible ensuite de le proposer à l'ensemble du marché en pratiquant une autre stratégie.

Les stratégies successives dans la téléphonie mobile

L'exemple de la téléphonie mobile est intéressant dans la mesure où ce secteur a successivement adopté les trois grandes stratégies génériques. Le mobile apparaît en France avec l'offre de téléphonie analogique proposée par France Telecom à partir de 1985 (Radiocom 2000), puis par SFR ; le marché atteint un maximum de 0,5 million d'abonnés en 1993, piètre score, disparaît en 2000. Cette technologie n'a pas passé le seuil critique du fait de l'apparition d'une seconde génération de téléphonie mobile, la technologie GSM (*Global Standard for Mobile Telecommunication*), offerte par les deux mêmes firmes. Ces deux opérateurs lancent leurs offres GSM en 1992 à l'occasion de Noël. La tarification est binôme (abonnement plus prix à la seconde), les prix sont élevés ; les deux firmes développent progressivement leur réseau sur l'ensemble du territoire. En janvier 1996, le marché représente un million d'abonnés : le développement de l'offre de la technologie GSM est lent, les opérateurs le freinant délibérément pour se laisser le temps d'amortir les investissements qu'ils avaient engagés dans la technologie analogique de première génération. Ainsi, entre 1986 et juin 1996, un duopole équilibré adopte une *stratégie de focalisation* sur une clientèle à fort pouvoir d'achat pour qui la téléphonie mobile est très utile. La concurrence est peu intense, les prix élevés.

Une seconde phase stratégique s'ouvre en juin 1996. Bouygues Telecom reçoit à son tour une licence GSM et lance une offre centrée sur la région parisienne, dense, visant une clientèle grand public ; le nouveau concurrent introduit le forfait et en novembre 1996, le paquet cadeau (appareil + abonnement + forfait), ce qui correspond à un prix relativement bas. France Telecom et SFR se voient contraints de suivre cette stratégie de baisse des prix (*domination par les coûts*), offrent à leur tour des paquets cadeau, introduisent la carte prépayée (Mobicarte pour Itineris, Nomade pour Bouygues Telecom). Cette baisse des prix et cet effacement des barrières à l'entrée pour l'usager avec obligation de consommation (forfaits) entraînent une vive croissance de la demande (le nombre d'abonnés passe de un à six millions de 1996 à 1997). Mais la stratégie n'est pas des plus efficaces pour les offreurs dont les lourds investissements engagés dans la mise en place du réseau sont mal amortis par des prix qu'ils jugent trop bas.

Graphique 3. Le marché français de la téléphonie mobile et ses trois phases stratégiques (1991-2005).

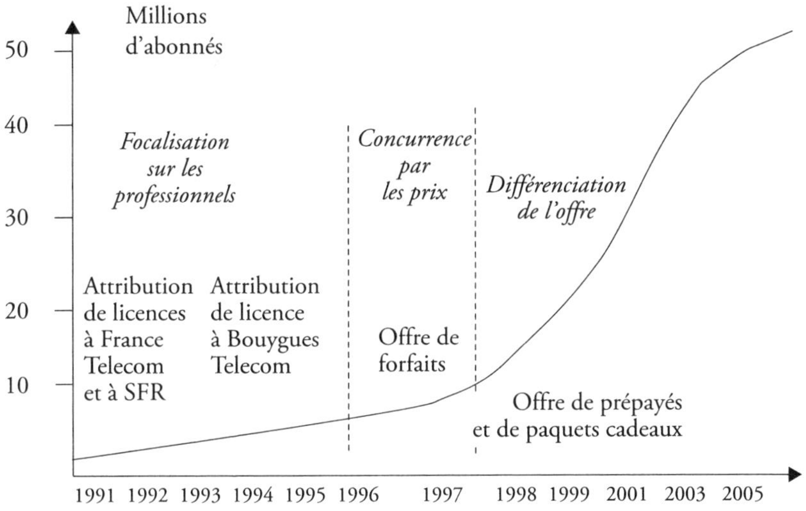

Source : d'après Pénard T. (2003).

Une troisième phase stratégique s'ouvre en mai 1997. Les trois offreurs limitent la concurrence sur des prix peu rémunérateurs et s'engagent dans une *stratégie de différenciation* du service offert. Il s'agit de fidéliser les clients entrés dans le réseau en généralisant les forfaits et les cartes prépayées. Les prix restent bas afin d'attirer le plus de clients possible, de ne pas faire fuir les abonnés vers les concurrents ; les tarifs diminuent à mesure de l'amortissement des infrastructures sur un nombre croissant d'usagers. De fait, l'entrée de nouveaux clients est largement subventionnée par la forte redevance prélevée par les opérateurs de mobile sur les appels des lignes fixes vers les portables. Progressivement, les clients apprennent à se servir de la téléphonie mobile (appels brefs à partir des mobiles, multiplication des SMS) ce qui fait baisser le chiffre d'affaires par abonné, mais le nombre d'abonnés continue à s'élever. L'équilibre financier des trois opérateurs est encore fragilisé par l'entrée dans la troisième génération de mobile dite 3G (technologie *Universal Mobile Telecommunication System* ou UMTS), les licences étant attribuées à Orange (France Telecom) et SFR en 2001, puis à Bouygues Telecom en 2002. Les difficultés financières des opérateurs les amènent à freiner l'offre de services de la troisième génération, qui se concrétise tout de même à la veille des fêtes de Noël 2004. Bouygues Telecom a déjà lancé i-mode (multimédia mobile, 0,8 million d'abonnés à la fin 2004). Et la concurrence se poursuit à mesure de l'adoption de nouveaux produits et procédés (on reste dans la *différenciation*), ce qui contribue à attirer de nouveaux abonnés : en 2007, leur nombre approche les 50 millions.

LES MODALITÉS ET LES DIRECTIONS DE LA CROISSANCE

Une stratégie efficace permet à la firme qui l'adopte de créer plus de valeur. La part de cette valeur qui n'est pas distribuée aux actionnaires est alors engagée afin d'accroître la taille de la firme, d'augmenter sa présence sur le marché. Les modalités et directions de croissance sont là encore un choix stratégique. La libéralisation se traduit très généralement par une forte concentration par croissance externe horizontale.

Les modalités de la croissance

On distingue deux modalités de croissance. La *croissance interne* consiste à créer de nouvelles capacités d'offre, modalité adoptée lorsque la demande augmente fortement, lorsque des économies d'échelle importantes peuvent être réalisées, lorsque la demande est sensible au prix, lorsque la firme est de grande taille, lorsqu'il s'agit de mettre en œuvre une technique de production nouvelle ou d'offrir un produit nouveau. La *croissance externe* quant à elle réside dans le rachat de capacités déjà existantes, rachat de concurrents, modalité retenue lorsque le marché est en maturité, peu affecté par le changement technique, lorsque la différenciation de l'offre est forte et la clientèle fidélisée sur une marque précise.

Les directions de la croissance

Quatre directions possibles de croissance peuvent être distinguées : la *croissance horizontale* (il s'agit de développer ses capacités dans son métier d'origine), la *croissance verticale* (on s'installe en amont ou en aval de son métier d'origine en achetant des fournisseurs ou des clients ; la régulation de la concurrence interdit toutefois la croissance vers les infrastructures de réseau), la *diversification conglomérale* (la firme s'engage dans une nouvelle activité qui n'a aucun lien avec son métier d'origine : Bouygues achète TF1, Matra se lance dans l'édition en prenant le contrôle de Hachette), enfin la *diversification concentrique* (la firme s'engage dans une activité complémentaire à son métier d'origine : EDF s'implique par exemple dans la distribution de l'électricité et du gaz, dans les services d'ingénierie énergétique, en France et dans d'autres pays).

Encadré 4. La stratégie d'EDF.

EDF bénéficie d'une très bonne image de marque auprès des usagers français de l'électricité : l'entreprise publique a construit le réseau français, a permis à tous l'accession à un bien-être supérieur du fait de la disponibilité en l'électricité ; son nom est étroitement associé au principe du service public (illustration du fait que cette notion de service public est fortement ancrée non seulement chez les usagers mais aussi dans le personnel d'EDF : au lendemain de la grande tempête de décembre 1999, de nombreux retraités d'EDF sont allés spontanément aider les équipes qui restauraient le réseau endommagé).

Forte de cette image de marque, de son expérience historique et de sa position dominante sur le marché français, EDF s'engage dans la concurrence en pratiquant une *stratégie de différenciation du produit* (confiance dans l'expérience de l'opérateur historique). Les moyens financiers de la croissance proviennent de *la vache à lait* qu'est l'électronucléaire : cette production représente 80 % d'un marché en croissance désormais modeste, les importants coûts fixes étant en bonne partie amortis, ce qui dégage de confortables disponibilités financières.

La dynamique de l'entreprise s'oriente dans deux directions :

– une croissance basée sur une *diversification concentrique* : EDF offre désormais tout un ensemble de services énergétiques ; elle produit de l'électricité, gère et exploite des réseaux de distribution d'électricité et aussi de gaz naturel, propose des services d'ingénierie énergétique aux collectivités et aux entreprises (par sa filiale Dalkia), s'engage dans les nouveaux métiers d'une industrie électrique désormais concurrentielle (achats et ventes sur les marchés de gros européens par sa filiale de négoce, EDF Trading) ;

– une *croissance externe centrée essentiellement sur le marché européen* : EDF est le premier producteur électrique de l'Union européenne où elle produit 22 % de l'électricité (l'UE représente 37 des 40 millions de clients d'EDF) ; elle détient 85 % du marché français (28 millions de clients), maîtrise une bonne part du marché britannique (sa filiale EDF Energy regroupe 5 millions de clients de l'agglomération londonienne à qui elle livre électricité et gaz naturel), elle contrôle l'entreprise électrique allemande EnBW et ses 5 millions de clients (électricité et gaz naturel), est présente en Italie (Edison), Espagne (Hispaelec), Hongrie (BERt et Demasz, 11 % du marché), Belgique (EDF Belgium), Slovaquie (SSE), Pologne.

D'autres grands électriciens européens (E.On, RWE, ENDESA) adoptent une stratégie similaire ; d'autres restent encore essentiellement sur leur territoire national (Centrica, ENEL).

Un processus de concentration

Dans la plupart des industries de réseau ouvertes à la concurrence, le choix des modalités et directions de croissance est le même : croissance horizontale externe qui aboutit à une vive concentration de l'offre des services en réseau ; externe parce qu'elle est rapide (on rachète les capacités de production existantes et la clientèle de l'ancien concurrent, on acquiert une technologie déjà rodée), horizontale afin de devenir incontournable, d'être le plus gros.

Cette concentration est forte dans les télécommunications : France Telecom achète l'opérateur britannique de mobile Orange en 2000, SFR est une filiale commune de Vodaphone, Vivendi et Cegetel, Neuf Telecom et Cegetel fusionnent en 2006, le nombre de fournisseurs d'accès à Internet tombe à sept (Wanadoo, Free, Neuf Cegetel, AOL, Telecom Italia, T-Online, Télé2). L'opérateur britannique de téléphonie mobile Vodaphone devient premier mondial grâce à de nombreux rachats et fusions, BT reste le premier opérateur de fixe en Grande-Bretagne. Dans l'audiovisuel, les deux bouquets satellite Canal Sat et TPS fusionnent en 2006.

La concentration est très forte aussi dans le domaine de l'énergie où électriciens et gaziers se rapprochent : E.On est constitué en Allemagne par fusion entre Veba et Viag en 2000, puis rachète Ruhrgas. EDF rachète plusieurs électriciens et gaziers européens, le gazier britannique Centrica devient également premier électricien anglais, Suez et GDF promettent de s'unir.

Elle est forte aussi dans les transports aériens où une modalité particulière apparaît pour mettre fin à la vive concurrence par les prix qui a accompagné les premières années de libéralisation : les entreprises se regroupent dans des alliances coopératives (Skyteam, One World, Star Alliance) constituant à l'échelle mondiale un réseau à l'intérieur duquel la concurrence est très limitée grâce à des partages de code (un même vol est assuré conjointement par plusieurs compagnies, ce qui assure de bons coefficients de remplissage des appareils sans baisse de prix).

Le processus de concurrence, que l'on aurait volontiers imaginé sous la forme d'un grand nombre d'offreurs, amène une concentration accrue, s'exerce entre un petit nombre d'acteurs. Cette nouvelle structure est-elle efficace ?

Les performances

La libéralisation des industries de réseau est justifiée par la recherche d'une baisse des coûts (meilleure efficience productive), d'une amélioration de la qualité de l'offre, d'une accélération du changement technique ; par ailleurs, elle doit permettre de supprimer les rentes éventuelles dont auraient pu bénéficier les anciens monopoles publics verticalement intégrés (meilleure efficience redistributive). Il est encore bien tôt pour dresser un diagnostic définitif et observer si les industries de réseau désormais libéralisées sont plus ou moins efficaces qu'auparavant. Certains enseignements se dégagent pourtant de l'observation de la réalité des industries de réseau en France, que l'on se gardera bien toutefois de généraliser. On distinguera les performances selon les agents économiques concernés : entreprises, consommateurs, économie dans son ensemble.

Les performances des entreprises

Nous présentons à la suite les résultats des quatre grandes firmes françaises engagées dans des réseaux désormais ouverts à la concurrence (EDF, SNCF, La Poste, France Telecom), à l'aide d'une petite batterie d'indicateurs.

En termes de parts de marché, on constate que les opérateurs historiques ne cèdent en général que les parts de marché que le régulateur les oblige à abandonner : leur compétitivité est donc bonne.

D'un point de vue financier, la situation des firmes étudiées (tableau 1) s'améliore mais n'est pas encore tout à fait comparable à celles de firmes privées opérant en concurrence. La rentabilité financière est bonne (à titre de comparaison, le ratio résultat net/capitaux propres est de l'ordre de 15 % pour les grandes firmes privées), mais l'endettement reste toujours excessif (les dettes financières ne devraient pas excéder les capitaux propres, soit un taux d'endettement de 1). Cette amélioration financière ne semble pas se faire au détriment de la croissance puisque pour l'ensemble de ces firmes, le taux de croissance du chiffre d'affaires est supérieur à celui du PIB.

Tableau 1. Résultats financiers des quatre grandes firmes françaises de réseau (2003-2005).

	EDF		SNCF		La Poste		France Telecom	
	2003	2005	2003	2005	2003	2005	2003	2005
Résultat net/ capitaux propres	4,9 %	16,9 %	0,4 %	28,2 %	11,1 %	14,0 %	7,2 %	22,5 %
Dettes financières/ capitaux propres	1,57	0,97	6,90	2,88	4,90	2,12	3,10	1,50
Δ chiffre d'affaires	7,4 %	10,6 %	1,5 %	3,8 %	4,1 %	3,5 %	1,4 %	6,2 %

Sources : Rapports d'activité des entreprises concernées, disponibles sur Internet.

Du point de vue de ces entreprises, opérateurs historiques, l'ouverture à la concurrence se traduit donc par de bons résultats.

Les performances du point de vue de la demande

Pour ce qui est de la demande, on distinguera les performances en termes de prix et en termes de qualité du service rendu ; les deux allant de pair dans la mesure où une baisse de prix réalisée grâce à une dégradation de la qualité de l'offre ne correspondrait pas à une bonne performance.

L'évolution des prix est très différente selon les secteurs. Commençons par les télécommunications. Si l'on retient l'ensemble des appels fixes et mobiles, le prix moyen (abonnements compris) n'a pas changé entre 2000 et 2005 ; on aurait pourtant pu penser qu'une concurrence en phase d'expansion des réseaux (la demande augmente de près de 20 % entre ces deux années) entraînerait une baisse des prix. En revanche, cette baisse est très nette pour la téléphonie mobile (le prix est réduit de 20 %) et pour les communications internationales (baisse de 25 %), deux domaines où la concurrence est vive.

Tableau 2. Prix moyen de la minute de communication téléphonique en France, 2000-2005, abonnement compris (centimes d'€/minute).

Types de lignes	2000	2001	2002	2003	2004	2005
Fixe	12,00	12,13	12,48	12,40	12,02	11,50
Mobile	21,71	21,38	21,40	19,10	18,11	17,38
Fixe + mobile	14,19	14,65	15,29	14,87	14,54	14,08

Source : ARCEP, site Internet.

Dans les transports routiers de marchandises, la baisse des prix relatifs est forte (ils augmentent trois fois moins vite que l'indice général des prix), ce qui permet la très forte croissance du secteur (son chiffre d'affaires augmente deux fois plus vite que le PIB) : cette bonne compétitivité détourne vers la route une partie du fret ferroviaire et favorise l'externalisation de certaines fonctions chez les industriels (les constructeurs automobiles par exemple). Dans les transports aériens également, les prix baissent, mais ce n'est pas le cas dans les transports ferroviaires.

Pour ce qui est de l'industrie électrique, les tarifs régulés d'EDF n'ont pratiquement pas changé pour un gros consommateur industriel d'électricité de base entre 2000 (31 €/MWh) et 2006 (28 €/MWh). Si ce même consommateur a opté pour les prix du marché, il a été alléché par le bas prix de 2000 (17 €/MWh, la moitié du prix administré) mais aimerait bien maintenant revenir aux tarifs régulés : il paye 57 €/MWh en 2006, soit deux fois plus que le tarif régulé. Il semble que la hausse des prix des combustibles ou les provisions pour investissement n'expliquent que pour partie ce triplement du prix. Par ailleurs, notre consommateur industriel d'électricité aura eu des sueurs froides à plusieurs reprises, quand les prix spot atteignent des cours hebdomadaires de 80 et même 105 €/MWh en mars et décembre 2005 respectivement ; les industriels n'étaient pas habitués à des fluctuations à la hausse d'une telle ampleur. Et ceux qui ont quitté les tarifs régulés pour bénéficier de prix plus bas sont bien déçus, demandent à revenir aux prix administrés : ce à quoi Bruxelles s'oppose radicalement.

Ainsi, selon les secteurs, l'évolution des prix résultant de la libéralisation est différente, mais il ne semble pas que la baisse soit une caractéristique nette de cette ouverture.

En termes de qualité, l'introduction de la concurrence se traduit par une amélioration, mais là encore, pas dans tous les cas. Dans l'audiovisuel, le foisonnement de l'offre laisse un choix incomparablement plus grand qu'auparavant (2 256 stations radio et 218 chaînes de télévision peuvent être captées sur le territoire national là où l'ORTF exerçait un monopole public avant 1982) ; et les nouvelles technologies de transmission (haut débit) mettent effectivement à la disposition des téléspectateurs ce vaste choix.

Pour ce qui est des transports aériens, le nombre de dessertes s'est accru de 60 % en dix ans à l'échelle européenne. Mais le nombre de dessertes ferroviaires, en revanche, s'est réduit.

Dans le domaine des télécommunications, le fort développement de la téléphonie mobile a créé une nouvelle manière de communiquer à distance qui accroît la liberté de chacun (l'ARCEP qualifie avec une grande perspicacité les nouveaux modes de communication : nomadisme, personnalisation, ubiquité, tribalisme, hédonisme) ; le nombre et la durée des communications mobiles se sont accrus de 20 % en 5 ans. Mais d'un autre côté, les choses ne vont pas si bien. En 1998, la plupart des grandes collectivités urbaines ont délaissé France Telecom pour donner à un autre opérateur la charge de leur téléphonie interne, les nouveaux entrants se révélant moins-disants que l'opérateur historique et remportant la plupart des appels d'offres ; quelques années plus tard, presque toutes ces collectivités envisagent de revenir vers France Telecom du fait d'une dégradation de la qualité des services rendus par rapport à ce à quoi l'opérateur historique les avaient habituées.

Dans l'industrie électrique, un phénomène qui autrefois était tout à fait inhabituel, les grandes pannes de réseau ou black-out, se produisent avec une fréquence inusitée en Europe, en Amérique du Nord, au Maghreb, et l'on serait tenté, à tort ou à raison, de faire correspondre ces dysfonctionnements majeurs avec l'introduction de la concurrence.

Ainsi, du point de vue de la qualité, l'évolution doit être nuancée : des améliorations nettes accompagnent l'adoption de technologies nouvelles (téléphonie mobile, Internet, haut débit) ; elles le sont moins dans d'autres cas.

Les performances du point de vue de l'économie dans son ensemble

La libéralisation des industries de réseau contribue probablement à relancer une dynamique économique générale : de nouvelles entreprises apparaissent, des technologies nouvelles sont mises en œuvre, des services nouveaux sont proposés (l'*e-business*, par exemple), l'intégration économique européenne s'en trouve accélérée. Tout cela concourt sans doute à l'amélioration de la compétitivité de l'économie en général (ce que l'on constate à l'évidence pour les transports routiers de marchandises). Toutefois, dans le cas de l'économie française, on doit convenir que la croissance économique est toujours atone, le chômage toujours important, les déficits publics toujours abyssaux.

CONCLUSION

La libéralisation est largement engagée dans l'ensemble des industries françaises de réseau, à l'échelle locale et nationale. Les nouvelles structures concurrentielles sont adoptées, plus où moins rapidement, plus ou moins complètement selon les réseaux. Elles permettent aux firmes de s'engager dans des stratégies de croissance qui mènent à de fortes concentrations. En termes de résultats, il n'apparaît pourtant pas que cette dynamique nouvelle contribue à améliorer la situation économique générale. La libéralisation est-elle insuffisamment avancée, pas assez profonde pour produire tous les effets positifs escomptés ? Ou bien les nouvelles structures ne sont-elles pas aussi efficaces qu'on pourrait le souhaiter ?

Conclusion

Les transformations institutionnelles des industries de réseau sont désormais en marche, même si l'ancienne architecture ne s'est pas avérée particulièrement inefficace, même si la nouvelle structure n'a pas encore fait ses preuves d'une efficience supérieure.

Ces transformations, ce qui est le propre de tout processus d'apprentissage, laissent toutefois place à des hésitations et améliorations. Certaines interrogations concernent les mécanismes internes au nouvel agencement, d'autres portent sur ses limites.

Quel doit être, par exemple, le domaine de compétence d'une agence de régulation ? Les services postaux et les télécommunications, en France, avaient tout d'abord été séparés, pour être ensuite regroupés sous la supervision commune de l'ARCEP. Les deux grands secteurs de l'énergie, gaz et électricité, avaient également été dissociés pour être ensuite regroupés sous la compétence d'une seule commission, comme en Grande-Bretagne. En Allemagne, il a fallu attendre de nombreuses années pour que le législateur se décide, en 2006 seulement, à mettre en place l'agence de régulation des réseaux d'énergie qui sera finalement le *Bundesnetzagentur*, agence unique chargée de toutes les industries de réseau. Quel découpage est le plus efficace et pourquoi ?

À l'intérieur du domaine de compétence de chaque agence, un autre type de partition pose problème : quel est le marché pertinent, l'espace concurrentiel effectif entre firmes en compétition ? La réponse change avec l'évolution des technologies, suivant la taille et le degré de diversification des firmes en présence.

Les réflexions en cours cherchent également à améliorer le processus de détermination des prix administrés pour l'accès des tiers aux réseaux, à perfectionner les mécanismes de contrôle et d'incitation appliqués aux gestionnaires de réseau qui échappent à la concurrence, à trouver des indicateurs permettant de vérifier si la concurrence joue effectivement dans la strate d'offre de services finals, à fixer précisément le seuil au-dessus duquel une firme est effectivement en position dominante.

D'autres interrogations se situent à la marge des évolutions en cours, s'interrogent sur leurs limites. Certaines faiblesses de la concurrence sont bien connues mais négligées par l'analyse : le marché de concurrence ne s'adresse qu'à la demande solvable, ne tient pas compte des externalités, privilégie le court terme et ignore le temps long. La libéralisation des réseaux a des conséquences dans chacune de ces dimensions : ne risque-t-elle pas d'affaiblir la cohésion sociale ; ne pousse-t-elle pas à l'adoption de technologies à temps de retour bref aux dépens d'autres plus soucieuses de l'environnement (la montée en puissance du charbon dans l'industrie électrique, combustible polluant s'il en est, s'inscrit dans une dynamique libérale ; la valorisation de potentiels hydroélectriques, investissements rentables sur le long terme seulement, qui présentent de nombreux avantages, ne pouvant s'effectuer sans l'État) ; ne favorise-t-elle pas la production et la consommation aux dépens de la sobriété (économiser l'énergie est le meilleur moyen de limiter la dépendance énergétique, de réduire l'émission de gaz à effets de serre : la libéralisation des économies peut-elle amener à cette solution) ?

La prise en compte des externalités a complètement disparu des pensées relatives aux réseaux, elles qui étaient si présentes auparavant. Le concept peut qualifier par exemple la dépendance énergétique dans laquelle un pays est placé : la concurrence n'étant pas capable de prendre en compte cette dimension, l'État doit-il intervenir et comment pour mettre en œuvre une politique de l'énergie ?

D'autres questions se posent encore : les pays développés ont bénéficié des entreprises de réseau en monopole verticalement intégré pour accompagner leur croissance au XIXe et au XXe siècle. Les pays du sud ne sont-ils pas privés de ce moteur du développement, créateur d'externalités positives, lorsqu'ils ouvrent à la concurrence leurs industries de réseau et les dissocient ?

Quelles que soient les réponses que l'on peut apporter à ces interrogations, le processus de libéralisation des industries de réseau est largement engagé, dans le monde entier. La croyance dans les vertus de la concurrence, son aptitude à dynamiser l'économie, à créer plus de richesses, semble bien plus profondément ancrée désormais qu'elle ne l'était au lendemain de la Seconde Guerre mondiale, quand la confiance dans les capacités de l'État à conduire à la prospérité était dominante. Ces mutations institutionnelles des industries de réseau s'inscrivent dans la transition beaucoup plus générale des sociétés d'un paradigme à un autre.

Bibliographie

Bibliographie générale

Bergougnoux J. (2000), *Services publics en réseau : perspectives de concurrence et nouvelles régulations*, Paris, Commissariat au Plan.

Chevalier J.-M. (dir.) (1995), *L'Économie industrielle des stratégies d'entreprises*, Paris, Montchrestien.

Chevalier J.-M. (2004), *Les Grandes batailles de l'énergie*, Paris, Gallimard, collection « Folio ».

Curien N. (2005), *Économie des réseaux*, Paris, La Découverte, collection « Repères ».

Du Castel F. (dir) (1993), *Les Télécommunications*, Paris, X A Descours, Berger Levrault International.

Glachant J.-M., Finon D. (2002), *Competition in European Electricity Markets : A Cross Country Comparison*, Londres, Edward Elgar.

Lévêque F. (1998), *Économie de la réglementation*, Paris, La Découverte, collection « Repères ».

Les Cahiers Français (2003), « Concurrence et régulation des marchés », n° 313, Paris, La Documentation française.

Les Cahiers Français (2005), « La Microéconomie en pratique », n° 327, Paris, La Documentation française.

Newberry D. (2000), *Privatization, Restructuring, and Regulation of Network Utilities*, Cambridge, The MIT Press.

www.art-telecom.fr : site de l'Autorité de régulation des communications électroniques et des postes.

www.cre.fr : site de la Commission de régulation de l'énergie.

www.ofgem.gov.uk : site de l'agence britannique de régulation de l'énergie.

ORIENTATIONS DE LECTURE

Andreani J.-L. (2004), « France Telecom est en passe de reconquérir les grandes collectivités », *Le Monde*, 4 septembre.

Angelier J.-P. (2002), *Économie industrielle, une méthode d'analyse sectorielle*, Grenoble, PUG.

ARCEP (2006), Rapport d'activité 2005 ; disponible sur le site Internet.

Barro R. (1990), « Government Spending in a Simple Model of Endogenous Growth », *Journal of Political Economy*, vol. 98, n° 5, p. 103-125.

Borcherding T., Pommerehne W., Schneider F. (1982), « Comparing the Efficiency of Private and Public Production : the Evidence from Five Countries », *Zeitscrift für Nationalökonomie*, vol. 89, suppl. 2, p. 127-156.

Bouneau C., Derdevet M., Percebois J. (2007), *Les Réseaux électriques au cœur de la civilisation industrielle*, Boulogne, Timée-Éditions.

Buchanan J. (1965), « An Economic Theory of Clubs », *Economica*, n° 32, February, p. 1-14.

Buchanan J., Tullock G. (1962), *The Calculus of Consent, Logical Foundation of Constitutional Democracy*, Ann Arbor, The University of Michigan Press.

Coase R.H. (1937), « The Nature of the Firm », *Economica*, vol. 4 NS, n° 16, p. 386-405.

Coase R. H. (1945), « Price and Output Policy of State Enterprise : a Comment », *Economic Journal*, vol. 55, p. 112-113.

Coase R. H. (1946), « The Marginal cost controversy », *Economica*, NS, vol. 13, p. 169-182.

Coase R.H. (1960), « The Problem of Social Cost », *Journal of Law and Economics*, vol. 3, October, p. 1-44.

CRE (2006), Rapport d'activité 2005 ; disponible sur le site Internet.

Cronin F. *et alii* (1993), « Telecommunications and Growth : the Contribution of Telecommunications Infrastructure Investment to Aggregate and Sectoral Productivity », *Telecommunications Policy*, December, p. 677-690.

Curien N., Gensollen M. (1992), *Économie des télécommunications, ouverture et réglementation*, Paris, ENSPTT-Economica.

Curien N., Gensollen M. *et alii* (1992), *Économie et management des entreprises de réseau*, Paris, ENSPTT-Economica.

Curien N. (2005), *Économie des réseaux*, Paris, La Découverte, collection « Repères ».

Demsetz H. (1968), « Why Regulate Utilities? », *Journal of Law and Economics*, vol. 11, April, p. 55-66.

Dubouis L. (2004), *L'Union européenne*, Paris, La Documentation française, Les Notices.

Gauthier G., Leroux F. (1988), *Microéconomie, théorie et applications*, Boucherville, Gaëtan Morin.

Glachand J.-M. (2002), « L'approche néo-institutionnelle de la réforme des industries de réseaux », *Revue économique*, vol. 53, n° 3, mai, p. 425-435.

Goldberg V. (1976), « Regulation and Administered Contracts », *Bell Journal of Economics*, vol. 7, Fall, p. 426-452.

Hotelling H. (1938), « The General Welfare in Relation to Problems of Taxation and of Railway and Utility Rates », *Econometrica*, vol. 6, p. 242-269.

Irwin T., Yamamoto C. (2004), *Some Options for improving the Governance of State-Owned Electricity Utilities*, Washington, The World Bank.

Jensen M., Meckling W. (1976), « Theory of the Firm: Managerial Behavior, Agency Cost, and Ownership Structure », *Journal of Financial Economics*, vol. 3, n° 4, p. 305-360.

Katz M., Shapiro C. (1985), « Network Externalities, Competition and Compatibility », *American Economic Review*, vol. 75, n° 3, June, p. 424-440.

Mankiw G. (1998), *Principles of Economics*, Chicago, Harcourt Brace. Traduction française: (1998), *Principes de l'économie*, Paris, Economica.

Marshall A. (1890), *Principles of Economics*, Londres, McMillan. Traduction française: (1971), *Principes d'économie politique*, Paris, Gordon & Breach.

Medenergie (2004), « Black-outs : quels enseignements ? », décembre, numéro hors-série.

Morlat G., Bessières F. (dir.) (1971), *Vingt-cinq ans d'économie électrique : investissement, coûts marginaux et tarifs*, Paris, Dunod.

Musgrave R. (1959), *The Theory of Public Finance*, New York, McGraw Hill.

Pénard T. (2001), *Comment analyser le succès de la téléphonie mobile en France*, Université Rennes I, CREREG, 31 p.

Pénard T. (2002), « L'accès au marché dans les industries de réseau : enjeux concurrentiels et réglementaires », *Revue internationale de droit économique*, n° 2/3, p. 293-312.

Pénard T. (2003), *Analyse économique de la téléphonie mobile*, Université Rennes I, CREREG, 22 p.

Percebois J. (1991), *Économie des finances publiques*, Paris, Armand Colin.

Percebois J. (2001), « Énergie et théorie économique : un survol », *Revue d'économie politique*, n° 6, novembre-décembre, p. 815-860.

Picard P. (1998), *Éléments de microéconomie*, Paris, Montchrestien.

Porter M. (1982), *Choix stratégiques et concurrence*, Paris, Economica.

Samuelson P. A. (1954), « The Pure Theory of Public Expenditure », *Review of Economics and Statistics*, vol. 36, p. 387-389.

Shapiro C., Varian H. (1998), *Information Rules : A Strategic Guide to the Network Economy*, Harvard, Harvard Business School Press.

Stigler G. (1971), « The Theory of Economic Regulation », *Bell Journal of Economics and Management Science*, n° 2, p. 3-21.

Stiglitz J. (1997), *Economics*, New York, Norton & Co. Traduction française : (2000), *Principes d'économie moderne*, Paris, De Boeck Université.

Weber L. (1990), « Intervention publique », in Greffe X., Mairesse J., Reiffers J.-L., (dir.) *Encyclopédie économique*, Paris, Economica, p. 1141-1184.

Williamson O. (1985), *The Economic Institutions of Capitalism, Firms, Markets, Relational Contracting*, New York, The Free Press. Traduction française : (1994), *Les Institutions de l'économie*, Paris, InterÉditions.

Wolf C. (1988), *Markets and Governments ; Choosing between Imperfect Alternatives*, Cambridge, The MIT Press.

Index

Table des matières

Imprimé par Dumas-Titoulet Imprimeurs
42100 Saint-Étienne
Dépôt légal août 2007
N° imprimeur : 45904-C

Imprimé en France